상허 이태준 평설 3

상허 이태준 평설 3

정춘근 지음

실천문학

차례

사진 자료　　　5
발간사　　　17

Ⅰ 이태준에 잘못 씌워진 월북 작가 굴레	021
Ⅱ 이태준의 마지막 소설 「해방전후」	047
Ⅲ 소설 변화의 전환점이 된 「토끼 이야기」	123
Ⅳ 단편 「장마」에 담긴 일본 비판 의식과 문인들 모습	153
Ⅴ 친일을 경계하며 반일을 선택한 이태준	177
Ⅵ 해방 정국 좌익의 기관지 《문학》과 이태준	211
Ⅶ 좌익 문학 동맹, 북한 문학과 부조화를 보였던 이태준	227
Ⅷ 작가 이태준이 해금되는 과정	263

① 이태준 큰어머니 집
② 봉명학교 설립자 이봉하 선생 집
③ 봉명학교 터
④ 이태준 누나와 여동생이 식모살이 하던 백학골
⑤ 팔을 하나 못 쓰는 작은 아버지 댁에서 허드렛일을 도와주면서 이태준이 살던 웃골

▲ 이태준 소설가 삶의 흔적

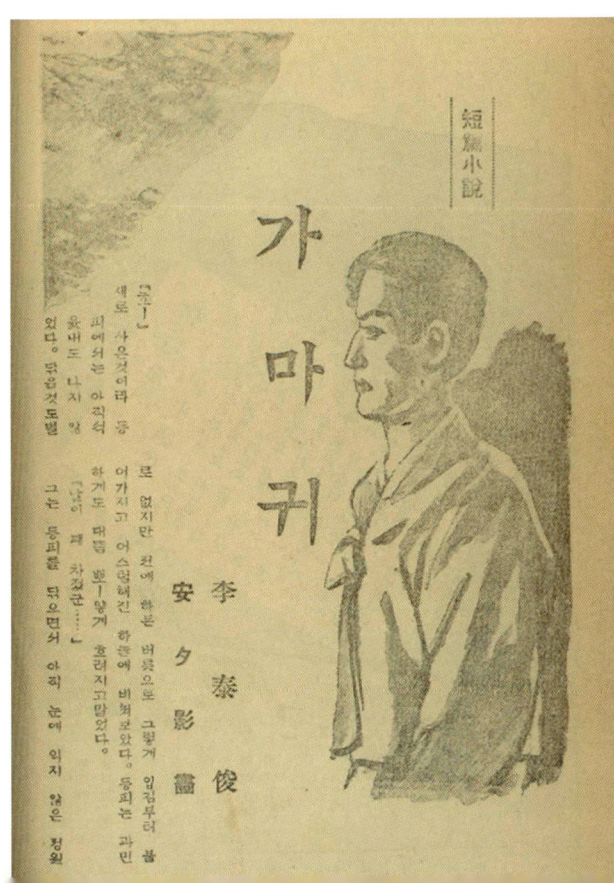

《조광》, 1936년 ▶

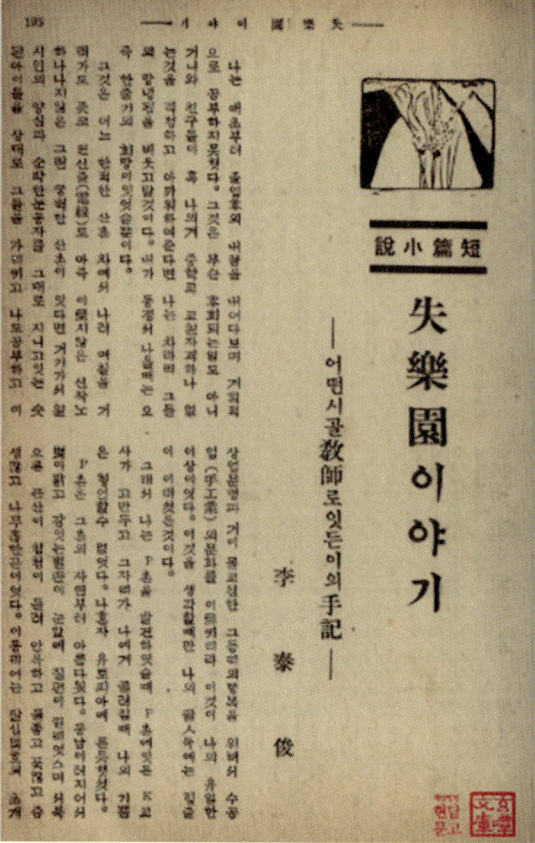

◀《동방평론》, 1932년

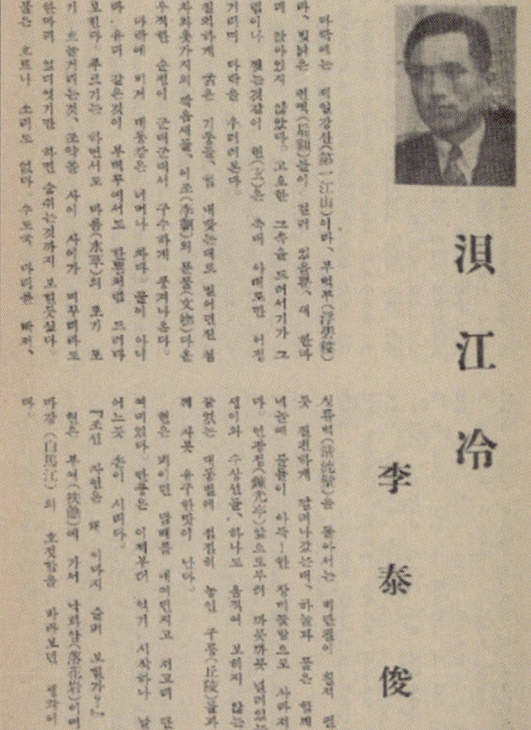

◀《삼천리》, 1938년

박태원 결혼식 방명록
이태준 서명 ▶

《부인》, 이태준 부인
이순옥 대담, 1947년 ▶

(写真1-①宣教師館)

(写真1-②宣教師館[写真左側に友愛学舎])

◀ 나도향과 보낸 일본 동경 우애학사

(写真6-①スコットホール)

(写真5-②左・ベニンホフ氏)

◀ 이태준 후원자 베닝호프 박사 집과 가족

《박문서관》, 1943년 ▶

작품 『돌다리』 무대 ▲

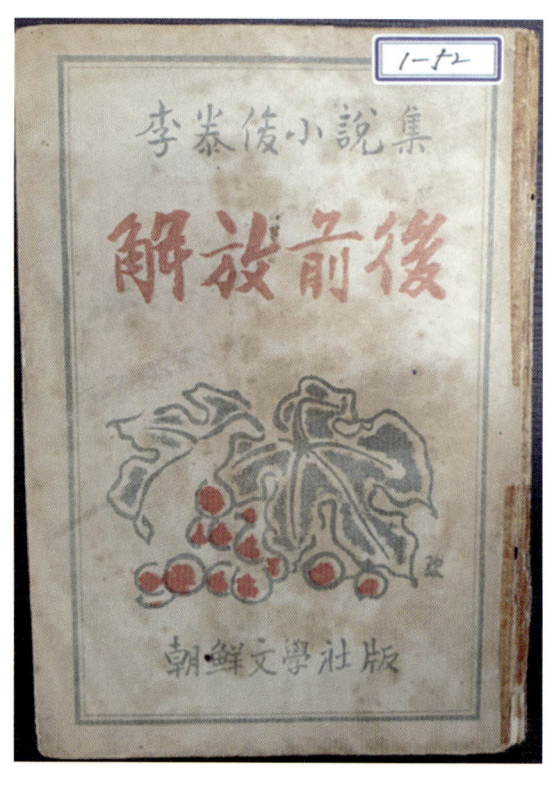

◀ 《조선문학사》, 1947년

◀ 이태준이 발행인이었던 《문학》

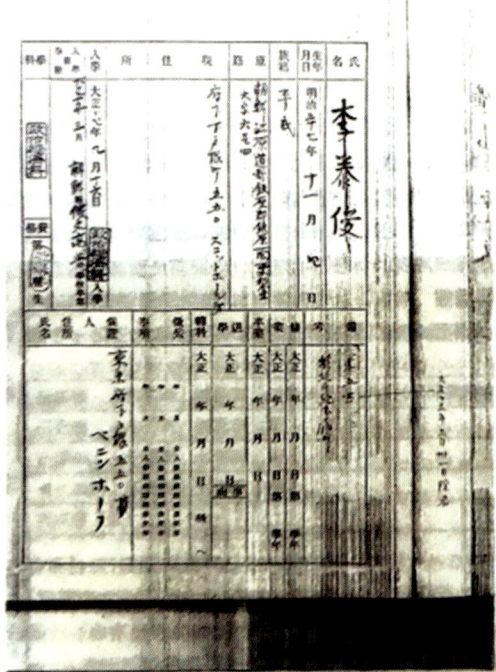

◀ 이태준 일본 유학 시절 학적부

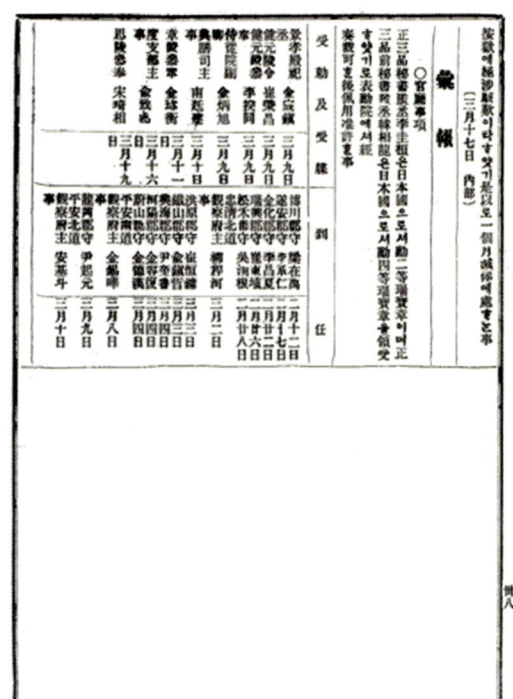

◀ 이태준 아버지
　김화 군수 임명 근거

▲《조광》, 1936년

이태준 타고 다녔던 경원선 철도 흔적 ▲

▲ 『사상의 월야』에 등장하는 터널

철원읍 문화의 거리에 소개된 이태준 작품 「무연」, 「촌뜨기」, 「돌다리」 ▲

발간사

　지역 발전을 위한 문화사업 공모장에서 벌어진 일이었다. 나는 그때 이태준 소설 「촌뜨기」를 주제로 한 문학길 조성사업을 발표하고 심사위원들과 질의응답을 하는 자리였다. 첫 번째 질문이

"이태준은 월북 작가인데 문학길을 만드는 것이 타당하다고 생각하십니까?"
"그럼, 위원님은 무력 통일을 원하는 건가요?"
"큰일 날 소리 하지 마세요. 대한민국 사람이라면 다 평화 통일을 원하겠지요…"
"평화는 상대방을 용서하고 포용하는 데서 오는 것입니다. 우리 지역 출신 작가 이태준 선생님을 우리 지역 사람들이 월북 작가라며 터부시하는 평화는 말장난에 불과합니다."

　이 말이 끝나자 공모장에 모인 공무원을 비롯한 참가자들의 '옳소'하는 열화와 같은 박수 소리가 터졌었다. 이것은 월북작가 이태준이 우리 철원 작가로 바뀌는 계기가 되었다. 현장에 있었던 나는 더 책임을 갖고 지역 신문에 상허 이태준 평설을

연재했다. 지금까지 연재한 것이 460호가 넘어가고 있다. 그동안 원고를 모아 평설1~2호를 발간했고 이번에는 3호를 출간하고자 한다.

이번 평설 주요 내용은 해방 전후에 이태준 작가 보여 준 문학적 성과와 변신에 대한 근거를 찾는데 주안점을 두었다. 우리에게 고정관념이 된 '월북작가 이태준'의 빈틈을 찾아보고 해방 정국에 좌익문학을 택한 구체적인 원인을 분석해 보았다. 그리고 북한에서 자신의 문학을 펼쳐 볼 기회조차 가져 보지 못하고 존재가치를 상실한 이태준의 슬픈 행로와 해금되는 과정 등을 알아보았다. 전문 평론가가 아닌 사람이 쓴 글이라서 허술함이 많지만 그래도 용기를 가지고 출판하게 되었다.

『상허 이태준 평설3』을 발간하는 데는 많은 사람들의 도움이 있었다. 철원에서 같이 문학 활동하는 동지들과 강원특별자치도와 강원문화재단의 지원이 있었기에 가능했다. 마지막으로 매주 상허 이태준 평설 원고 발표 지면을 내준《철원신문》변영수 사장과 어려운 여건 속에서도 흔쾌히 출판을 허락한《실천문학》윤한룡 대표에게 고개 숙여 감사를 드린다.

2025년 늦여름
정 춘 근

I 이태준에게 잘못 씌워진 월북 작가 굴레

1. 시작하는 말
2. 월북 용어 정리 및 문학적 기록
3. 이태준 전 가족은 강원도 안협으로 이사
4. 안협에 주소를 두었다는 구체적 증거들
5. 이태준이 북으로 향하기 직전의 행태
6. 오리무중인 이태준이 38선을 넘은 이유
7. 이태준 가족의 비극이 의미하는 것
8. 나가는 말

Ⅰ 이태준에게 잘못 씌워진 월북 작가 굴레

1. 시작하는 말

한국의 모파상 또는 대한민국 단편 소설의 완성자로 평가 받는 이태준을 이야기할 때 앞에 반드시 붙는 말이 '월북작가'이다. 이 단 한개의 문장은 이태준이 정당한 문학적 평가를 받는데 큰 걸림돌이 되고 있다. 또 분단과 한국전쟁이라는 참화를 겪은 우리 입장에서는 '월북'이라는 말에 큰 거부감의 뇌 회로가 작동을 하는 것이 사실이다. 이에 반해 북한이 고향인 백석 시인, 이용악 시인 등에 대해서는 이념의 잣대로 작가를 평가하지 않는 이중적 기준을 갖고 있다. 지연(地緣)에 근거로 하는 월북 여부를 판단한다면 이태준에 대해서는 재고가 필요해 보인다. 왜냐하면 한반도에서 남북의 기준점은 분단선 38선이기 때문이다. 이태준의 고향은 강원도 철원이다. 이곳은 해방과 동시에 그어진 38선 북쪽으로 북한 지역이었다. 일제 말기에 붓을 꺾고 강원도 안협에서 살았는데 이 지역도 북한이다. 그 때 전 가족이 이주해서 살았으며 일제의 감시를 받았다. 작품 「해방전후」에는 주재소의 간섭을 받았던 상황을 보아 주소를 이전해서 안협사람이었던 것을 판단할 수 있다. 잠시 서울에 올라가 좌익 활동을 했다고 38선 이남사람이라고 단정할 수 없다. 그럼에도 불구하고 무책임하게 월북 작가라는 굴레가 씌워졌다. 그의 고향인 강원도 철원은 한국전쟁을 거쳐 수복한 곳으로 실향민들이 많다. 그들의 인식에는 월북이라는 소리에도 병적인 거부감을 갖고 있다. 그런 연유로 '대한민국 단편소설 완성자'라고 평가 받지만 문학관 하나 건립되지 못하고 있다. 이태준에게 붙은 월북작가라는 수식어가 만들어 낸 참극이다. 상황이 이럼에도 우리 문단은 철저한 고증을 하려는 시도조차 없었다. 이 안타까운 현실을 바로잡기 위해 본고에서는 이태준이 남긴 문학 흔적을 통해서 '월북작가'라고 판단하는 것이 정당한지 알아보고자 한다.

2. 월북 용어 정리 및 문학적 기록

모든 판단 근거는 용어 정리부터 시작을 하는 것이 문리적 판단이다. 그것이 판단의 근거로 시작을 하는 것이 정확성을 높이는 분석방법이다. 우선 '월북' 용어부터 알아보고자 한다.

* 월북(국어사전)
越 넘을 월 北 북녘 북
1). 북쪽으로 넘어감.
2). 삼팔선 또는 휴전선(休戰線) 이북(以北)으로 넘어감.
3) 정의: 해방 이후 남한 지역의 사람으로서 자의에 의해 북한 지역으로 이주한 사람을 가리키는 사회용어. 월북인.

* 월북작가(越北作家)
1. 문학 광복 이후, 삼팔선이나 휴전선 이북으로 넘어간 작가.

* 이태준 연보
- 1933년(30세) 경성부 성북정 248 번지로 이사.(월북 전까지 거주)
- 1943년(40세) 강원도 안협으로 낙향 이곳에서 해방 전까지 칩거
- 1946년(43세) 7~8월 경 월북

  위의 글들을 보면 우선 월북의 기준은 이남 사람이 38선을 넘어서 북한으로 간 것이다. 월북 작가도 삼팔선을 넘어 간 작가라는 명확한 기준이 있다. 많은 단체들이 공식적으로 사용하는 연보에는 서울 성북동 수연산방에서 해방이 될 때까지 살다가 월북했다는 식으로 기록 되어있다. 그럴 주장일 경우 붓을 꺾고 안협으로 가서 생활한 것을 칩거(蟄居:나가서 활동(活動)하지 않고 집에 틀어박혀 있음)로 표현해서 마치 가족은 서울에 놔두고 혼자 간 것처럼 기록하고 있는데 이것이 월북작가라는 굴레를 씌우는 결정적인 역할을 한 것으로 보인다.

3. 이태준 전 가족은 강원도 안협으로 이사

  많은 문학 기록들이 이태준은 서울에서 살면서 좌익 문학 활동을 하다가 월북을 했고 다른 가족도 북한으로 간 것처럼 착각하게 만든다. 여기서 논점은 크게 두 가지이다.

* 서울 성북동에서 살다가 해방 후 북한으로 이주 = 월북작가
* 철원 안협에서 살았을 경우 = 월북작가 아님

위의 기준으로 판단해 보면 상허 이태준이 안협에서 살 때 주소를 이전했다면 해방 이후 생겨난 38선 이북으로 북한 사람이 되는 것이라 할 수 있다. 당시 일제는 현재의 주민등록과 같은 '조선 기류령(朝鮮 寄留令)'을 1942년 10월 15일 실시했다.

제1조
①90일 이상 거주할 목적으로 본적 외에 일정한 장소에 주소 또는 거소를 정한 자를 기류자라 하고, 본적이 없는 자, 본적이 분명하지 아니한 자 또는 일본 국적을 갖지 아니한 자로서 90일 이상 거주할 목적으로 일정 장소에 주소 또는 거소를 정한 자도 같다.
②기류에 관한 사항은 신고 또는 직권으로 기류부에 기재하여야 한다.

제5조
①기류에 관한 신고를 태만히 한 자는 10원 이하의 과료에 처한다.
②과료의 재판은 과료에 처해질 자의 소재지 또는 거주지를 관할하는 지방법원이 행한다.

　　　　　　　　　　　　　　　　－조선기류령, [시행 1942. 10. 15.]
　　　　　　　　　　　　　　　[조선총독부제령 제32호, 1942. 9. 26. 제정]

이태준은 일본의 패망에 대한 확신이 있었다. 시골에 내려가서 몇년만 버티면 자연스럽게 해방을 맞이할 것이라는 생각으로 강원도 안협으로 내려가는 결단을 한다. 진짜 귀향을 할 생

각이었다면 서울 성북동의 수연산방을 팔았겠지만 이태준은 은행에서 최대한 저당 잡히는 방식으로 귀촌을 한다. 그렇다면 안협을 선택한 이유는 무엇일까? 많은 사람들이 고아시절 양자로 갔던 지역과 가깝다는 점을 들어서 설명을 하지만 실제로는 「해방전후」에서 다음과 같이 설명을 하고 있다.

　그곳 공의(公醫)를 아는 것이 관련으로 강원도 어느 산읍이었다. 철도에서 팔십 리를 버스로 들어오는 곳이요 예전엔 현감(縣監)이 있었던 곳이나 지금은 면소와 주재소 뿐의 한적한 구읍이다. 어느 시골서나 공의는 관리들과 무관하니 무엇보다 그 덕으로 징용(徵用)이나 면할까 함이요, 다음으로 잡곡의 소산지니 식량해결을 위해서요. 그리고는 가까이 임진강 상류가 있어 낚시질로 세월을 기다릴 수 있음도 현이 그곳을 택한 이유의 하나였다.

－《문학》,「해방전후」, 1947년

이태준이 안협을 선택한 것은 그곳에 의료시책으로 배치한 공의(公醫)를 알기 때문이었다. 이런 내용은 현실 경험을 바탕으로 창작활동을 하고 있는 상허 이태준 소설작법에 근거를 하면 없는 사실을 쓰지는 않았을 것으로 판단된다. 이태준이 안협을 선택한 이유가 「해방전후」에 아래와 같이 설명 되어 있다.

* 아는 공의(公醫)를 통해 징용을 면하고 싶은 생각
* 철도(철원역이나 월정역)에서 버스를 타고 팔십리를 들어와야 하는 오지
* 잡곡 소산지이니 농사를 지어서 식량문제 해결

* 임진강에 인접해 있어서 낚시를 즐길 수 있는 곳
* 면소와 주재소뿐인 한적한 구읍이 감시와 간섭을 받지 않을 것이라는 기대

위와 같은 기대감을 나타낸 것을 보면 이태준은 이리저리 채이고 각종 행사에 호출되는 비참한 현실에서 도피를 택한 것으로 판단된다. 겉으로는 안협이 일제 강점기의 야만적인 정책이 없을 것으로 보이지만 점점 생활을 하면서 현실적 문제에 부딪치게 된다. 그런 점을 「해방전후」에서는 아래와 같이 설명하고 있다.

면사무소엔 상장(賞狀)이 십여 개나 걸려 있는 모범면장으로 나라에선 상을 타나 백성에겐 그만치 원망을 사는 이 시대의 모순을 이 면장이라고 예외일 리 없었다. 여기에다가 성미가 강직해 바른말을 잘 쏘는 공의와는 사이가 일찍부터 틀린데다가, 공의는 육 개월이나 장기간 강습으로 이내 서울 가 버리고 말았으니

-《문학》,「해방전후」, 1947년.

위의 글을 읽어보면 이태준이 원하는 귀향은 아니었으나 그의 주소지는 강원도 안협이었다는 것을 알 수 있게 만든다.

4. 안협에 주소를 두었다는 구체적 증거들

이태준의 중편「해방전후」에는 상허 이태준 가족이 안협으로

낙향하는 과정을 다음과 같이 설명하고 있다.

현의 안해는 이 날도 보송보송해 잠들지 못하는 남편더러 집을 팔고 시골로 가자하였다. 시골 중에도 관청에서 동뜬 두메로 들어가 자농(自農)이라도 하면서 하루라도 마음 편하게 살다 죽자 하였다.

현은 집을 팔지는 않았다. 구라파에서 제이 전선이 아직 전개되지 않았고 태평양에서 일본군이 아직 라바울(파푸아 뉴기니)을 지킨다고는 하나 멀어야 이삼년이겠지 하는 심산으로 집을 최대한도로 잡혀만 가지고 서울을 떠난 것이다.

-《문학》,「해방전후」, 1947년

위의 글을 보면 성북동 수연산방은 이태준이 팔지 않고 최대한도로 은행에 저당 잡혀서 전 가족이 낙향을 한 것으로 나타났다. 이것으로 이태준 연보의 '수연산방에서 살다가 월북'했다는 기록은 오류로 보인다. 그렇다면 주소를 완전히 이전을 했느냐 여부 확인이 필요한데 「해방전후」에 나온 기록들은 아래와 같다.

호출장(呼出狀)이란 것이 너무 자극적이어서 시달서(示達書: 일제 강점기의 출석 요구서)라 이름을 바꾸었다고는 하나, 무슨 이름의 쪽지이든, 그 긴치 않은 심부름이란 듯이 파출소 순사가 거만하게 던지고 간, 본서(本署)에의 출두 명령은 한결같이 불쾌한 것이었다.

서울 문인보국회(文人報國會)에서 문인궐기대회가 있으니 올라오라는 전보가 온 것이다. 현에게는 엽서 한 장이 와도 먼저 알고 있는 주재소에서 장문의 전보가 온 것을 모를 리 없고 일본 제국의 흥망이 절박한 이때 문인들의 궐기대회에 밤낮 낚시질만 다니는 이 자가 응하느냐 안 응하느냐는 주재소뿐 아니라 일본인이요 방공 감시 초소장인 우편국장까지도 흥미를 가진 듯, 현의 딸아이가 저녁 때 편지 부치러 나갔더니, 너희 아버지 내일 서울 가느냐 묻더라는 것이다.

－《문학》,「해방전후」, 1947년

  위의 내용을 보면 「해방전후」의 주인공 '현=이태준'에 관한 문제를 주재소, 파출소, 우편국장 까지 알고 있고 '호출장'을 받는 것을 보면 주소를 이전했다는 것을 알 수 있다. 엽서 한 장이 와도 파악이 되는 곳에서 '조선 기류령'을 어길 수는 없다는 점이 분명해 보인다. 그리고 마지막으로 중요한 것은 해방 이후 이태준 가족이 서울로 돌아왔다면 '남쪽-북한'으로 월북한 것이 되지만 '북한 안협에 그대로 있었다면' 월북의 개념을 적용할 수 없는데 「해방전후」에는 다음과 같이 등장하고 있다.

「참, 오는 길에 철원 들러, 댁에서들 무고허신 것 뵈 왔지요. 매우 오시구 싶어들 합디다」
  현의 가족들은 그간 철원으로 나왔을 뿐, 아직 서울엔 돌아오지 못하고 있는 것이었다.
「잘들 있으면 그만이죠」

－《문학》,「해방전후」, 1947년

인용한 것을 분석해 보면 이태준 가족은 해방이 되자 안협에서 고향인 철원에 돌아온 것을 알 수 있다. 서울로 귀향을 하고 싶지만 그렇게 하지 못하는 점을 알리고 있다. 그리고 정작 가장인 이태준은 잘들 있으면 그만이라는 식으로 서울로 돌아오는 문제에 무심하게 대응하고 있다. 이후 이태준 가족이 서울로 귀향을 한 근거가 없기 때문에 그의 가족들은 38선 이북인 철원에 머무르고 있었다는 점을 알 수 있다. 연보에 1946년 7~8월 월북을 한 것으로 기록 된 것으로 보아서 철원에 머물던 가족과 합류가 그때 이루어진 것이라는 추측이 가능해 진다.

5. 이태준이 북으로 향하기 직전의 행태

　누구라도 남한에서 북한으로 넘어가기 위해서는 특별한 행동이 보이는 것이 인간적 심리이다. 적어도 어떤 선언이나 결심을 드러내는 것이 통상 표현 방식이다. 그러나 이태준에게는 특별한 행동을 찾아볼 수 없다. 당시에는 자신이 소속한 좌익 문학가 동맹 기관지《문학》의 편집 겸 발행인이었다. 또 1946년 3월 25일 박치우(朴致祐)를 발행 겸 편집인, 이원조(李源朝)가 편집국장을 맡았던《현대일보》에 이태준이 주필이었고「불사조(不死鳥)」를 연재하고 있었다. 이것뿐만 아니라 다양한 분야에서 아래와 같은 활동을 하고 있었다.

　＊ 1946년 3월 14일 – 새로 나올 "우표"
　　朝鮮(조선)의 華麗江山(화려광산)을 象徵(상징) 하는 독립 우표 심사

를 맡아서 진행을 함

* 1946년 5월 7일 - 헤이그 밀사 이준 열사 추념 준비
이준 열사를 추모하는 각종 행사를 준비하는 모임

* 1946년 6월 25일 - 조미문화협결성(朝美文化協結成)
문화 교류를 통한 친선 도모를 목적으로 결성됨. 이태준, 장건상
김기림 등 문화 예술계 5~60명 참석, 미소공동회 속개를 결의함

* 1946년 7월 19일 - 아협당선작품결정(兒協當選作品決定)
현상금 일만 원을 걸고 조선아동문화협회에서 공모한 작품을
심사 함

* 1946년 7월 30일 - 文學史編(문학사편모)과 文學賞(문학상)을 신설
선 문학사를 다시 편집하고 조선 문학상을 신설할 것을 결정

 이태준이 북한으로 가기 전까지 공식적으로 활동한 것을 정리한 내용을 보면 작가로서 정상적으로 활동을 하고 있었다. 조선을 세계적으로 알리는 우표 도안 결정에 참석하고 헤이그 밀사로 파견되었다고 유명을 달리한 이준 열사를 추모하는 사업에도 적극 참여한 것으로 나타나고 있다. 눈길을 끄는 것은 조선과 미국이 문화적으로 교류하는 조미협회에도 나섰던 것으로 보도되고 있다. 이것은 조선의 오천년 문화를 미국에 알려서 자존심을 세우면서 미소공동위원회의 재개 활로를 열기 위한 노력으로 보여 진다. 이밖에도 조선아동협회에서 모집한

작품 심사를 했으며 7월 30일에는 조선문학사를 다시 편찬하고 문학상을 신설하는 결정에 참여를 했다. 이런 행사들은 지속성을 갖고 있고 모두 남한에서 이루어지는 사업이 특징인데 북한으로 발걸음을 결심한 사람이라면 적극 나서지 않았을 것 같다.

이태준이 북한으로 간 시기는 잡지마다 차이가 있지만 1946년 7~8월이라는 것이 통설로 보고 있다. 북행 시기는 좌익문학가 동맹이 1946년 7월 15일 발행한 《문학》 창간호에는 「해방전후」가 실려 있는 것을 보면 그 이후인 것으로 보인다. 1946년 11월 25일 발간된 《문학》 2호에는 「서울 문학가 동맹 여러분에게」라는 이름의 상허의 다음과 같은 글이 실려 있다.

> 본의는 아니나 여러분에게까지 기이고 떠날 때는 돌아와 만나는 즐거움과 일에 더 충실함으로써 갚으려 했던 노릇이 그만 여기서 걸음을 멎게 되었습니다.
> —《문학》 2호, 「서울 문학가 동맹 여러분에게」, 1946년

위의 내용을 보면 이태준의 북행은 누구에게 알리지 않고 이루어졌으며 다시 돌아오지 못하고 북한에 머무르게 되었다는 이별을 알리는 통보 느낌이다. 다시 만나는 즐거움과 일에 더 충실하면서 갚으려고 했다는 말은 독단적으로 38선을 넘었다는 사실을 에둘러 이야기 한 것이다. 다시 말을 하자면 공적인 일이 아니라 사적인 문제 때문에 북행을 했다는 것을 반증하고 있는 것으로 판단된다.

6. 오리무중인 이태준이 38선을 넘은 이유

좌익 문학가 동맹 부회장으로 있던 이태준이 북쪽으로 발길을 돌린 것에 명확한 이유가 없다. 단지 이후『소련기행』이 발간된 것을 두고 이념에 따라 행동한 것이라는 추측만 하고 있을 뿐이다. 그러나 이태준의 북행을 두고 이념이 아닌 특별한 사정이 있다는 증언들과 자료들이 있다.

> 이태준이 신세를 진 친구가 북한 정권에 수감돼 재판을 받는다는 소식을 듣고 변호를 하기 위해 38선을 넘어서 북쪽으로 왔다.
> － '장기 이씨 장손 이봉하 선생의 손녀 故 이소진 여사'
> 2005년 면담에서 증언

위와 같은 증언은 장기 이씨 문중에서만 하는 것이 아니라 구체적으로 기록한 것이 1963년에 발간된 《사상계》이다. 글을 쓴 사람은 이태준이 《문장》의 편집장이면서 소설심사위원으로 활동을 할 당시 첫 번째로 등단시킨 최태응(崔泰應, 1916~1998.8.9, 대표작「바보 용칠이」)이다. 1963년 1~2월호에 게재되었는데 그 내용을 정리해 보면 다음과 같다.

> 한 가지 특이한 점을 말해 둘 필요가 있으니 李泰俊의 월북은 응당 그보다 앞장을 섰거나 적어도 그를 이끌고 갔어야 수긍이 됨직한 林和속 알맹이 左翼들과 행동을 같이 한 것이 아니라는 사실인 것이다.
>
> 게다가 李泰俊은 그들보다 훨씬 먼저 三八線을 넘어갔던 것이다.

따라서 그의 越北 동기라거나 北行의 于先目的은 일반이 생각하는 것처럼 노상 단순한 데 있는 것만이 아니었다.

– 《사상계》, 「이태준의 비극」, 최태응, 1963년

위의 글을 보면 이태준의 북행을 두고 최태응은 동기가 불확실하다는 점을 전제하고 있다. 일반인들이 생각하는 사상적인 문제가 아니라 다른 사정이 있다는 것을 지적하고 있다. 이것은 자신을 등단시킨 이태준에 대해서 잘 알고 있다는 자신감에서 표현한 것으로 보여지고 있다. 그렇다면 다른 사정은 무엇인지 아래와 같이 설명하고 있다.

北韓으로 넘어간 직후 李泰俊의 태도는 또한 무엇인지 색다른 느낌을 주었으니 그는 첫째로 平壤에 머물러 있으려는 기색이 없었다.
이내 그가 찾아간 곳은 黃海道(殷栗, 金山浦等地)의 뿔 빠진 산골이었다.
말하자면 월북 당초의 그가 지닌바 뜻은 자못 어처구니없게도 해방이 가져다준 억울한 운명에 의해서 탄압과 핍박과 피해가 이루 말할 수 없는 역경 속에서 「죽음의 공포」를 강요당하고 있던 옛날 친구 中學 同窓에 대한 구명운동에 나섰던 셈이었다.

– 《사상계》, 「이태준의 비극」, 최태응, 1963년

이태준이 뜬금없이 평양에 나타났을 때 정작 북한에서 활동하던 좌익 작가들에게는 주목을 받지 못했지만 '오히려 右翼 쪽의 작가와 무소속 作家 내지 공산당이 아닌 독자층의 인테리'들에게 주목을 받았다. 그런 이태준이 평양에 머무르지 않고 황해

도 은률, 금산포 등지의 시골에 머물렀다. 이유는 자신을 도와준 친구 중학교 동창의 구명 운동 때문이었다. 이태준이 38선을 넘을 정도로 그 친구와는 우정이 깊었고 경제적으로도 도움을 많이 받았던 것으로 알려지고 있는데 그 내용을 소개해 보면 다음과 같다.

서울에서 다녔으나 그 時代에도 半흙으로 공부를 했으며 다행이도 은혜로운 친구를 만나 苦生을 덜 수가 있었다.

그 恩人을 겸한 동창생이 바로 殷栗이라는 고을의 굴지의 有志로서 해방과 더불어 자본가,地主

中學시절만이 아니라「해방」을 앞두기 一、二年 前까지 城北洞에 살던 李泰俊의 집을 찾아 한결같은 友情으로 물질적인 원조를 아끼지 않았으며 그다음 江原道로 소개를 하는 이사짐을 나르는 데서부터 「해방」 직전까지를 또한 한결같이(黃海道의 大地主를 겸해서 H氏는 운수 사업가이기도 했다) 손수 트럭을 몰고 白米와 石油 等 어려운 貴物들을 숨겨다 주던 H氏의 소식이 뜻밖에도 그렇듯 본의와 어긋나고 고통스러운 내용임을 전해 왔을 때 李泰俊도 李泰俊이었거니와 수십년 그들의 우정과 의리를 더불어 젖으며 잊을 수 없었던 그의 아내가 더욱 일깨우고 보채었던 사실 또한 무리 없는 情의 움직임이었음은 당연한 노릇이라 하리라

― 《사상계》, 「이태준의 비극」, 최태응, 1963년

위의 내용을 보면 이태준이 휘문고보 다닐 때 어려운 사정을

알고 도와준 친구를 소개하고 있다. 그는 은률에서 금광을 운영하던 집의 자식인 홍진식(洪晋植)씨이다. 졸업 후에는 홍 씨는 운수사업을 하면서 한결같이 물질적인 지원을 아끼지 않았고 강원도로 이사할 때도 이삿짐을 옮겨 주었고 일제 말기에도 백미와 석유 등을 숨겨다 줄 정도로 많은 도움을 주었다. 이런 홍진식 씨가 공산정권이 들어서고 어려움에 빠졌다는 소식을 듣고 38선을 넘은 것으로 설명되고 있다. 친구가 어려움에 처했다는 소식을 듣고 38선을 넘은 것은 이태준의 의리를 보여 주는 것이라 할 수 있다. 당시 북한에서 겪었던 내용을 더 소개해 보면 다음과 같다.

> 과연 金山浦 감옥에서 생전 상상도 못했던 그야말로 미쳐 공산당도 되기 前인 非法 강도패들이요 고작이 함경도나 平安道에서 자칭 공산당 간부들이라고 총칼을 차고 떠들어 온 몇몇 빨갱이가 재판장도 되고 판사 검사도 되고 나머지 토마기들은 어중이 떠중이가 온통 공산주의 단체들의 대표로라 「옳소」式 고발인에 증인에 모조리 原告가 되어 이른바 「人民재판」이라는 것이 연출되었거니와
>
> –《사상계》, 「이태준의 비극」, 최태응, 1963년

위에 글은 이태준이 《문장》를 통해 처음으로 등단시킨 최태응이 쓴 글이다. 1963년은 한국전쟁이 끝난 지 10년 정도 흘러서 반공주의가 국시였던 시기였다. 따라서 최태응 씨가 남쪽의 시각에서 글을 쓸 수밖에 없었겠지만 그래도 본질은 담으려고 노력을 했을 것으로 보인다. 다시 말을 하자면 자신에게 문학의 문을 열어 준 스승 같은 이태준과 관련된 글을 조작하거나

허위로 쓰는 것은 작가의 양심에 비추어 보면 상상할 수 없다. 따라서 인용된 글은 당시 이태준의 입장을 정확하게 담아낸 것이라 할 수 있다. 특히 당시 인민재판이 열린 금산포(황해남도 은률군의 서쪽 해안에 있는 포구)는 지금도 북한을 대표하는 은률광산이 있다는 점을 생각하면 실제로 있었던 일이라는 것을 반증하고 있다. 해방 이후 벼락감투를 쓴 공산당 간부들이 재판장과 판검사가 되고 어중이떠중이들이 고발인 증인들이 원고가 되어서 일방적으로 몰아붙이는 인민재판이 벌어지고 있는 상황 즉 사법제도가 무너진 북한 실상을 고발하고 있다. 보통 재판이라면 당연히 변호사가 있어야 하는데 당시 북한에는 그런 제도가 없었었다는 것을 알고 상허 이태준이 구명을 하러 나선 것으로 판단된다. 이태준 입장에서 인민재판의 특수성을 알지 못하고 유일한 변호인을 자처하고 나섰지만 결과는 다음과 같이 생각보다 비참했다.

유일한 변호인을 자처하고 나섰던 李泰俊이 기특(?)한 친구라는 말을 속으로나마 중얼거려 준 사람들은 있었을지라도 결과적으로 얻을 수 있는 보람이라고는 없었다. 뿐인가,「저 변호사 동무의 사상도 도저히 이해하기 어려우며 용납할 수 없다」는 집중 공격을 받고 할 일 없이 일단 평양으로 되돌아가면서 서글픔에 잠겼던 李泰俊의 心情이 그 후 十餘年을 뒤따른 세월과 더불어 비극을 걸어온 일과 어떻게 관련을 맺는 거인지.
　　　　－《사상계》,「이태준의 비극」, 최태응, 1963년

이태준은 친구 홍진식을 변호하러 나설 때는 자신의 쌓았던 소설가로서의 대중적인 인지도 해방 이후 좌익 문학가 동맹 부회장이라는 사회적 지위가 통할 수 있다는 자신감을 갖고 나선 것으로 추측된다. 그러나 재판장에서는 청맹과니들이 변호인 의견은 애초에 묵살 하였거니와 오히려 「저 변호사 동무의 사상도 도저히 이해하기 어려우며 용납할 수 없다」는 집중 공격 대상으로 전락하는 사태에 직면하게 된다. 그리고 친구에게 도움을 주지 못하고 서글프게 재판장을 물러나 평양으로 돌아오면서 자신이 선택한 좌익 세상에 대한 민낯을 보게 되었을 것이다. 특히 법적인 유무죄를 따지지 않고 사상을 문제 삼는 현실을 파악하고 노선을 정리하는 결단이 있었다면 하는 아쉬움이 든다. 참고적으로 한국전쟁 이후 벌어진 남로당 숙청에 대한 재판도 홍진식의 경우처럼 형식적이었는데 이태준과 같이 좌익 문학가 활동을 했던 시인 林和(본명 林仁植, 1908년 10월 13일~1953년 8월 6일)의 재판 기록에서 변호사를 맡았던 김문평의 기록을 보면 실체를 알 수 있다.

　　재판장 : 새 증인 또는 새로운 증거를 신청할 수 없습니까.
　　김문평 변호인 : 없습니다.

　　김문평 변호인 : 만약 재생의 기회를 준다면 조국을 위해 당과 정부를 위해 싸우겠습니까.

　　김문평 변호인(최후변론) : 조국이 해방된 후 일제 대신에 미제를 위하여 그의 문학 지식을 리용하고 나아가서는 리승엽 간첩망에 인입되어 드디어 본건 범행에까지 이르게 된 사실이 결코 우연한 사실이 아닙니다.

— 김남식, 《고려대학교 아세아문제연구소》,
『남로당연구 자료집』, 1974년

위의 내용을 보면 변호인들은 피소자들이 죄상을 인정했기 때문에 범죄에 대해서는 이의를 제기하지 않았고, 그들의 성장 환경과 처했던 상황 때문에 범죄를 저질렀다는 사정을 장황하게 늘어놓으면서 판결에 참작해달라는 요지로 변론했다. 임화의 경우에는 사형 선고를 받기 전에 최후 변론인데 변호사가 범죄를 나열하는 기가 막힌 사태가 벌어졌다는 것이 재판 기록으로 남아 있다.

임화 같은 당대를 주름잡았던 인물의 재판이 이 정도였기 때문에 결국 이태준은 친구의 구명 운동에 실패할 수밖에 없었다. 그렇다면 이태준은 왜 서울로 돌아오지 못하고 북한에 머물러야 했을까. 그것은 서울 상황을 급박하게 만든 1946년 5월에 발생한 정판사 위조지폐 사건의 발생으로 미군정에서 좌익 단체에 대한 단속이 강화되기 시작한 것이다. 당시 사건 발표를 보면 조선공산당의 당원인 은행 직원이 이관술의 지휘하에 10만 원의 위조지폐를 만들다가 야간순찰 중이던 군정청 수도 경찰에 의해 적발되었다. 그러나 이 사건은 지금까지도 진실여부를 두고 논란이 이어지고 있다. 이런 주장의 원인은 북한은 해방과 동시에 화폐 개혁으로 일제 강점기 화폐를 사용하지 못해 남쪽으로 내려 보냈다는 주장도 있기 때문이다. 이런 주장에 대해 1948년 8월부터 시작한 남북한 간의 물자 교역에 남한에서 통용이 가능한 일제 강점기 시절 화폐를 사용했을 것이라는 의문이 들지만 당시에는 철저한 현물 교환 방식으로 이루어졌다.(《고려원》,『남북의 대화』, 1987년) 분명한 것은 당시 인플레이션 상황이 다음과 같이 상상을 초월했었는데 이것과 무관하지 않다는 주장이 있다는 사실이다.

* 서울 소비자 물가
1945년 – 3,146%, 1946년 – 121%, 1947년 – 152%

* 서울 도매 물가 상승률
1946년 – 224%, 1947년 – 82%, 1948년 – 63%, 1949년 – 36.8%

이런 살인적인 물가 상승은 일본이 패망하기 직전에 마구잡이로 화폐를 찍어낸 원인이 한몫했다. 물가 상승으로 해방정국 경제가 엉망이 된 상황의 돌파구가 '대구 정판 사건'으로 활용 되었고 결사의 자유를 보장하던 미군정에서 좌익 단체를 단속하는 빌미가 되었다고 판단된다. 이후 남한에서 좌익 활동을 금지되었고 월북 행렬이 이어지게 된다. 따라서 이태준이 좌익 문학가 동맹에서 광복 이후 활동한 것을 두고 나무위키(namu.wiki)는 다음과 같이 심각한 오류를 나타내고 있다.

상당한 자기비판과 국제노선과 조선민족의 관계를 심사숙고한 연후가 아니고는, 이처럼 일견 단순해 보이는 태도나 원칙만엔 만족할 리가 없을 것이었다. 현은 다행한 일이라 생각하고 즐겨 그 선언에 서명을 같이 하였다.

-《문학》, 「해방전후」, 1947년

이태준 본인을 주인공으로 하여 쓴 자전소설〈해방전후〉에는 공산주의를 경계하는 근대적 민족주의자가 민족 대단결이라는 대원칙을 위해 공산주의자들과 협력하겠다고 선언하는 장면이 등장한다.

— 나무위키(namu.wiki) 인용

위에 주인공 현이 서명한 것은 1945년 12월 좌익 문학가동맹 결성에 서명한 것이었고 공산당은 1946년 10월 10일 탄생 됐는데 '상대방도 없는 실체에게 협력 선언'이라는 것은 억지 주장이고 당시에 좌익 활동은 미군정이 허용한 합법적인 일이었다. 그것은 현재 시각으로 판단하는 것은 역사 분별 의식이 부족한 것을 증명하는 사례라는 지적을 피할 수 없어 보인다.

남한의 불확실한 상태가 지속되면서 북한에 머물렀던 이태준은 1946년 여름 평양에서 출발한 소련 방문단에 끼어서 모스크바로 향하게 된다. 당시 세계 최초로 사회주의 혁명을 성공한 소련은 비약적으로 발전을 하는 현장을 보고 이태준은 자신의 선택에 대한 확신을『소련기행』(문학1946. 조소문화협회및조선문학가동맹 1947)에 담아서 서울에서 단행본으로 출판하게 된다. 이것은 당시 이태준 독자층이 많았던 남한에서 인세를 챙기기 위한 방안이었다는 이야기도 있다. 그런 의견에 비해 박남수 시인이 현수라는 이름으로 쓴『적치 6년의 북한문단』에는 북한 문단을 쥐고 있었던 舊가프派들이 자신들의 헤게모니를 지키기 위해 북한에서 출판을 결사적으로 막았다는 주장도 있다.

7. 이태준 가족의 비극이 의미하는 것

광복 이후 이태준의 가족사를 보면 모두 북한에서 생활한 것으로 나타나고 있다. 38선이 그어지고 남북한의 이동이 공식적으로는 금지된 상태에서 이태준의 가족이 단체로 움직였다면 언론에 보도될 만한 이슈로 떠올랐을 것이다. 만약 북한으로 이주를 했다면 당대 최고의 작가 가족을 맞아들인 북한에서는 체제 우월성을 선전하는 도구로 활용했을 것이다. 그러나 남북한 모두 아무런 언급이 없었던 것은 한곳에 머무르면서 다른 사람들 눈길을 끌만한 일이 없었다는 것을 반증하는 것이다. 해방 정국에서는 물론 북한 치하에서도 이태준의 행동만 드러나 있고 그의 가족은 비밀에 쌓여 있었다. 그런 궁금증이 북한 탈북 여류시인 최진이(1998년 탈북, 조선작가동맹 중앙위원회 시 분과에서 활동)씨의 증언을 통해서 구체적으로 드러나는데 그 내용을 소개해 보면 다음과 같다.

이태준 작가의 재능 한 가지만 보고 결혼을 한 이순옥 여사는 생전에 맏딸 소명, 아들 유진, 딸 소남, 장남 유백, 딸 소현 이렇게 5남매를 낳는다. 그들의 운명은 이태준의 위상과 맥을 같이 하고 있다.

*장남 이유백
김일성 종합대한 수학학부를 졸업하고 독신으로 살았던 이유백은 이태준 숙청과 함께 자취가 사라졌다
*장녀 이소명

김일성 종합 대학 교원으로 있던 남편과 강제 이혼당하고 산골로 추방된 뒤에 행방을 알 수 없다.
*차녀 이소남
이태준이 몰락을 한 후 남편에게 매일 구타를 당하고 아이까지 빼앗기고 강제 이혼당한 뒤에 보위부의 한 수용소에 수용 되었다 한다.
*차남 이유진
북한 임산 사업소 작업반장으로 있었다는 기록은 있으나 이후 소재 파악이 안 되고 있다.
*막내 이소현
외교부에서 일을 하는 동장 남편을 만나 가정을 꾸렸으나 이태준 몰락으로 강제 이혼과 아들을 빼앗기고 혁명화 과정을 거쳐 산골의 한 농민과 재혼했다.

만약 가족이 남한에 머물렀고 이태준 혼자만 북한으로 발길을 옮겼다면 박남수 시인이 현수라는 이름으로 쓴『적치 6년의 북한 문단』에서 '북한은 준비된 사회는 아니고 완전한 사회로 나가는 중'이라고 이야기한 것에 비추어 보면 언제라도 돌아올 수 있었을 것이다. 전 가족이 북한에 있었던 관계로 스스로 몰락의 굴레를 벗어나지 못했을 뿐만 아니라 '월북 작가'라는 굴레를 쓰는 결정적 원인이 되었다는 판단이다.

8. 나가는 말

이태준에게 멍에가 되었던 월북 작가 문제는 철저한 검증 없이 '순수문학 작가에서 참여 문학으로 변신'이라는 설익은 판단이 빚은 착각이라는 생각이다. 분명 주소지가 해방 이후 그어진 38선 이북에 있었는데 월북이라는 단어는 합리적이지 않아 보인다. 연보를 보면 이태준이 광복 이후 서울에서 활동한 시기는 1945년 8월17일부터 1946년 7~8월이다. 1년도 안 되는 짧은 기간이었고 「해방전후」를 보면 가족들이 철원에 머무르고 있다는 명확한 증거를 보여주고 있다. 이런 여러 가지 상황을 종합해 보면 이태준의 정확한 거주지는 안협에서 철원으로 남쪽이 아니라는 것을 부정할 증거는 보이지 않고 있다. 또 38선을 넘어서 친구 구명에 나섰다는 근거들이 나타나고 있다. 이런 자료를 종합해 보면 이태준을 '월북 작가'라고 부르는 것에 대해 정확한 조사가 필요하다. 만약 38선 이북에 주소를 둔 작가였다면 북한 작가로 바꾸어서 불러야 한다. 그게 이태준을 올바른 위치에 자리매김하는 첫걸음이 될 것이다. 왜냐하면 이태준이 해금된 이후 발행한 교과서를 보면 초등학교에는 동화가 소개돼 있고 중고등학교에서는 수필과 단편 소설이 편집되어 있다. 대한민국 작가 중에 '동화' '수필' '단편' 세 분야가 교과서에 실린 경우는 유일무이하다는 점을 주목해야 한다. 아마 영역을 확대해서 지구촌에서 발간되는 각 국가 교과서에 세 분야의 작품이 실린 경우가 없을 것이라는 점을 생각해 보면 이태준의 문학이 뛰어남을 알 수가 있다. 세상에서 한 명밖에 없는 작가를 근거도 없이 월북 누명을 씌운 것은 우리나라 문학유산을 스스로 망치는 일이라 할 수 있다. 이제는 진실을 밝혀서 우리의 귀중한 문화 자산을 지키는 일에 나서야 할 시기라는 확신으로 글을 맺는다.

II 이태준의 마지막 소설 「해방전후」

1. 시작하는 말
2. 「해방전후」 창작 배경
3. 붓을 꺾고 강원도 안협으로 낙향하는 과정
4. 낙향 직전 난관에 부딪친 이태준
5. 결국 『대동아 전기(大東亞戰記)』를 번역
6. 창씨개명을 하지 않았던 이태준
7. 낙향한 강원도 안협에서의 난관
8. 상고주의 상징 김 직원의 등장
9. 살고 싶은 인간적 갈등 시작
10. 징용 위협을 벗어나지 못했던 이태준
11. 해방을 맞이하는 순간
12. 해방 후에도 바뀌지 않은 분위기
13. 해방 직전 동분서주했던 상황
14. 문학의 좌우 분열 시작
15. 분단으로 이어지는 갈등
16. 김 직원을 통한 상고주의와 이별
17. 광해군을 선택한 이태준
18. 상해 임시 정부와의 이질감
19. 신탁통치에 대한 이해타산 충돌
20. 나가는 말

Ⅱ 이태준의 마지막 소설 「해방전후」

1. 시작하는 말

작가에게는 전성기가 있다. 많은 작가들이 계속 현역이라고 주장한다. 그러나 만물이 그렇듯이 달이 차면 기운다는 '物極必反(물극필반, 당나라 소안환, 蘇安桓)' 이치를 벗어나기 어렵다. 일제 강점기를 대표했던 이태준의 최고 작품으로 「해방전후」를 들 수 있다. 이후 상허 이태준은 1946년 《현대일보》에 「불사조」를 비롯해 13편의 작품을 발표했지만 마치 '이파리 떨어지고 있는 나무처럼 궁색함'이 보이는 수준이었다. 따라서 이태준의 작품 분석을 하는 것은 중편 「해방전후」가 마지막이 되어야 한다는 생각이다. 그 이후의 작품을 언급하는 것은 단편 소설 완성자로 평가 받는 이태준의 명성에 먹칠을 하는 일이 될 수 있다. 정확히 이야기를 하자면 개인적으로 이태준은 38선을 넘는 순간 작가로서 운명을 다한 것으로 보인다. 이태준의 최대 장점인 인간의 내면을 정확한 묘사 하지 못하고 '주제에 짜 맞춰 작품을 써야 하는 기계적 소설'에 읽는 재미가 없는 작품이 만들어졌기 때문이다. 현장 문학을 바탕으로 하는 카프에 대항해서 순수문학의 기치를 내세우면서 '구인회'를 주도했던 것은 이미

다 알려진 사실이다. 평생 추구했던 순수문학에서 월북 이후 경향문학으로의 변신은 우리 문학사의 비극이라는 판단이다. 다른 한편으로는 오르지 살기 위해 자신의 문학을 버리고 이데올로기 문학을 창작해야 했던 이태준의 탄식이 지금도 들리는 듯하다.

　북한 문학의 목적은 예술성이 아니라 그들의 사회를 유지하는 수단에 불과한 것이다. 그것에 대해서 더 자세히 알아보면 다음과 같다.

　　북한의 모든 예술은 서사가 있어야 한다. 서사를 기본으로 하는 연극이나 영화 같은 장르는 물론 음악, 미술, 교예 등의 예술에도 반드시 서사가 있어야 한다. 추상이나 관념은 존재할 수 없다. 그림을 보아도 그림 속에 담긴 의미를 알아야 하고, 노래에도 서사가 있어야 한다. 문학이 특별히 강조되는 것은 바로 이 서사를 만들기 때문이다. 문학을 통해 서사가 완성되면, 다른 예술에서는 형상 수단에 맞게 예술적으로 형상하는 일만 남는다. [출처: 한국민족문화대백과사전(북한문학(北韓文學))]

　이것을 바탕으로 한다면 이태준 문학을 설 자리가 없어진다. 인간의 심리적 갈등을 바탕으로 인간성 회복을 추구해야 하는데 '서사'를 목적으로 한다면 『홍길동』을 쓴 홍명희(1888년~1968년), 『백두산』을 창작한 조기천(1913년~1951년) 등의 작풍으로 써야하는데, 이태준은 그렇게 쓸 수는 없기 때문이다. 따라서 이태준의 월북은 자신이 추구하던 순수문학과는 거리가 먼 잘못된 선택이었다는 것을 보여주고 있다.

따라서 좌익 계열에 확실히 물들기 전인 해방 전후 시기를 배경으로 월북 직전에 쓴「해방전후」는 이태준이 작가로서 마지막 불꽃을 피운 작품이라는 판단으로 작품 분석을 해보고자 한다.

2.「해방전후」창작 배경

이태준은 자신의 경험을 바탕으로 쓰는 작가이다. 자신이 선택한 작품 무대에 있는 사람들 중에서 가장 어렵고 가련한 사람들의 '恨과 절망 속에서 다시 희망을 발견하는 것'이 주요 작풍이다. 작품을 읽으면서 애처로움을 느끼지만 결코 미워할 수 없는 이웃 같은 정을 공유하게 만드는 신비한 정감을 만드는 능력이 있다. 이런 모든 것들은 이태준이 작품 속에 인물을 '이름 하나를 붙일 때도 정성을 다하는 노력'을 통해서 구축된 문학 세계이다. 따라서 이태준의 작품 속에는 자신이 성장하는 과정, 실제 경험한 사연들이 담겨 있는 경우가 많다. 이런 점에 집중을 해서「해방전후」를 분석해 보고자 한다. 우선 가장 궁금한 것이 이태준이 붓을 꺾고 안협으로 내려가게 된 동기이다. 상허 이태준의 연보를 보면 다음과 같다.

*1904년 강원도 철원군 묘장면 산명리 출생(실제 강원도 철원군 철원읍 용담)

*1943년 강원도 철원군 안협으로 낙향. 해방 전까지 이곳에서 칩거

위의 연보를 보면 고향인 용담으로 향하지 않고 안협으로 내려간 것으로 나타나 있다. 고향 용담으로 향하지 않았던 것에는 특별한 사정이 있어 보인다. 그것은 상허 이태준의 작품「무연」에 기록되어 있다.

외갓집 문중에서 아직 몇 집은 이 동리에 계신 줄 짐작하나 나는 수긋하고, 그 아들의 넋을 물을 메꿈으로써 건지기에 골독한 늙은 어미의 애달픔을 한편 내 속에 맛보며 길만 걸어 동구 밖을 나서고 말았다.

한 사조의 밑에 잠겨 산다는 것도, 한 물 밑에 사는 넋일 것이였다. 상전벽해(桑田碧海)라 일러는 오나 모든 게 따로 대세의 운행이 있을 뿐, 처음부터 자갈을 날러 메꾸듯 할 수는 없을 것이다.

-《서음출판사》,「무연」, 1988년

위의 글은 이태준이 낚시를 하기 위해 고향 용담 한내천 선비소에 왔다가 물이 마른 것을 보고 낚시를 포기하고 마을을 방문했던 심경을 그린 것이다. 장기 이씨 집성촌이던 이곳에 사람들이 다 떠나고 문중 몇 집이 있을 정도로 몰락을 했다는 것을 이야기하고 있다. 자신이 다녔던 봉명학교는 자취가 없어지고 당대를 울렸던 선조들이 뿔뿔이 흩어진 고향 용담에 이태준이 돌아갈 곳이 없었다.

3. 붓을 꺾고 강원도 안협으로 낙향하는 과정

가. 이태준이 생각한 일제 강점기 말기 상황

일제 강점기 말기에 이태준의 펜은 멈추었다. 1940년 《문장》에 「지원병 훈련소 일일」 친일 색체의 작품을 쓴 이후 1943년 12월 단편집 『돌다리』에 「뒷방마냄」을 발표하고선 문단에서 사라졌다. 많은 사람들이 이태준 연보에서 작가로서 지조를 지키기 위해 붓을 꺾고 철원 안협으로 낙향을 한 것으로 기록하고 있다. 그러나 실제로는 1944년 6월 《신세대》라는 잡지에 「목포 조선 현지 기행」을 발표한 사실이 있다. 따라서 많은 사람들이 주장하는 붓을 꺾었다는 내용은 너무 앞서간 것이라 할 수 있다. 다만 친일성향을 띠고 있기는 하지만 다른 작가들처럼 노골적으로 일제 정책에 나서는 내용이 아니라는 점에서 다행이라는 생각이다. 그동안 창작을 멈추고 있던 이태준이 '일본이 만드는 곳을 방문한 소감을 쓴 것'은 어떤 특별한 사정이 있는 것으로 보인다. 그것을 알아보면 다음과 같다.

> 나는 이번 문인보국회(文人報國會)의 일원으로서 총력연맹(總力聯盟) 지시를 받아 이런 나무들이 환생하는 목포조선철공회사의 조선 현지를 구경하게 된 것이다. 일행은 다만 운보 김기창 화백과 동반일 뿐.
>
> ─《신세대》, 「목포 조선 현지 기행」, 1944년

위의 글을 보면 이태준이 마음에 내켜 배를 만드는 목포조선철공회사를 찾은 것은 아니었다. 당시 일본이 구성하고 강력한

권한을 준 총력연맹의 지시에 따라서 어쩔 수 없게 나선 것으로 보인다. 특히 1944년 7월 아부신행(阿部信行)이 조선 총독으로 취임해서 총력연맹 총재도 겸임, 더 강력한 운영 방식이 필요했다. 이런 상황에서 조선의 단편 문학을 대표하는 이태준에게 현지 기행을 지시한 것은 상징적 의미가 있어 보인다. 결국 이태준도 거부할 수 없는 상황이 되었는데 그런 점을 배려했는지 일행이 운보 김기창 화백과 동반으로 나서게 된다. 위의 문장에서 '나무들이 환생'이라고 하는 말은 '나무가 세월이 흐르면 고목이 되어서 썩어서 버리는데 군함으로 만들어 지는 것은 새로운 용도 또는 재탄생'이라는 상징적 표현을 하고 있는 것이다.

작품 「목포 조선 현지 기행」은 많은 반일학자들이 요구하는 친일작가 요건에 해당되는 정도는 아니다. 다만 항상 일본의 정책에 호의적이지 않았던 이태준 작가 입장에서는 감추고 싶은 작품인 것은 확실해 보인다. 왜냐하면 이태준은 일본의 패망이 멀지 않았다는 상황에 대해 소설 「해방전후」에서 확실히 보여 주고 있기 때문이다.

「당신은 메칠 안 남았다고 하지만 특공댄(特攻隊)지 정신댄(挺身隊)지 고 악지 센 것들이 끝까지 일인일함(一人一艦)으로 뻣댄다면 아모리 물자 많은 미국이라고 일본 병정 수효만치야 군함을 만들 수 없을 거요. 일본이 망하기란 하늘에 별따기 같은 걸 기다리나 보오!」
-《문학》, 「해방전후」, *1947년*

위의 글은 이런 저런 걱정 때문에 잠에 들지 못하고 있는 주인공 현에게 아내가 한 말이다. 주인공 현은 일본의 패망이 며칠 안 남았다고 하지만 아내는 가미가제 특공대가 일인일함(一人一艦)으로 끝까지 투쟁을 한다면 쉽게 안 망할 것이라는 이야기를 하고 있다. 즉 미국이 아무리 물자가 많아도 일본을 망하게 만드는 것이 하늘에 별 따기 같다고 말을 하고 있는데 이것은 당시 조선인들이 갖고 있었던 고정관념이라는 생각이다. 그 예가 아래와 같은 경우이다.

> 일본이 그렇게 쉽게 항복할 줄은 꿈에도 몰랐다. 못 가도 몇백 년은 갈 줄 알았다
>
> —반민특위에서 서정주 시인의 고백

이런 생각을 갖고 있었던 지식인들은 일본이 어려워지자 더 과잉 충성에 나섰다. 우리 청년들보고 징용에 참여하라고 앞잡이가 되었던 것이다. 이런 상황이 「해방전후」에 잘 나타나 있다. 많은 청년들이 주인공 현의 집에까지 찾아와 어느 것이 옳은지 자문을 구하는 사태까지 벌어지는데, 현은 '때로는 전혀 초면들이라 저 사람이 내 속을 떠보려는 밀정이나 아닌가 의심하면서도, 그런 의심부터가 용서될 수 없다는 자책으로 현은 아무리 낯선 청년에게라도 일러주고 싶은 말은 한마디도 굽히거나 남긴 적이 없는 흥분이곤 했다.'라는 이야기로 민족의 아픔을 공유하고 있었다. 그러나 실제로는 아무런 준비가 없었던 주인공 현이 일본의 패망을 확신하면서 다음과 같은 이야기를 서술하고 있다.

현은 정말 살고 싶었다. 살고 싶다기보다 살아 견디어내고 싶었다. 조국의 적일 뿐 아니라 인류의 적이요 문화의 적인 나치스의 타도(打倒)를 오직 사회주의에 기대하던 독일의 한 시인은 모로토프(러시아 공산주의 혁명가)가 히틀러와 악수를 하고 독소중립조약(獨蘇中立條約)이 성립되는 것을 보고는 그만 단순한 생각에 절망하고 자살하였다 한다.

〈그 시인의 판단은 경솔하였던 것이다. 지금 독소는 싸우고 있지 않은가! 미영중(美英中)도 일본과 싸우고 있다. 연합군의 승리를 믿자! 정의와 역사의 법칙을 믿자! 정의와 역사의 법칙이 인류를 배반한다면 그때는 절망하여도 늦지 않을 것이다!〉

-《문학》,「해방전후」, 1947년

주인공 현의 이런 생각은 1940년 9월 27일 독일, 이탈리아와 맺은 3국 동맹조약이 세상에 알려진 이후에는 더 확고해진 것으로 보인다. 그런 정신을 바탕으로 연합군의 승리를 믿고 있는 상태이다. 군사력뿐만 아니라 인류의 정의 역사 법칙에 대한 신념을 갖고 있으면서 그런 법칙이 무너진 뒤에 절망을 해도 늦지 않다는 소신을 보이고 있다. 이것은 주인공 현이 일본이 패망할 것이라는 확신을 갖고 있으며 지금 벌어지고 있는 상황을 희망적으로 기대하고 다음과 같이 행동한다.

구라파에서 제이 전선이 아직 전개되지 않았고 태평양에서 일본군이 아직 라바울(Rabaul, 파푸아뉴기니 동뉴브리튼 주에 속한 도시)을 지킨다고는 하나 멀어야 이삼 년이겠지 하는 심산으로…

-《문학》,「해방전후」, 1947년

「해방전후」는 이태준 시대적 상황에 대한 의식도 반영되어 있다. 일본 강점기 말기를 바라보는 시각은 '일본 필패'이다. 단지 시간만 남겨 두었을 뿐 결국은 망하게 될 것이라는 점이 이태준의 판단이었다. 이것은 당시 친일 지식인들과는 상반된 의견이었다. 작품 이해를 돕기 위해서 친일 지식인들이 '조선' '일본'을 어떤 생각으로 바라보고 있었는지를 알아보면 다음과 같다.

나. 일제 강점기에 나타난 조선 지식인 의식 변화

구한말 일본의 침탈에 지식인들의 반응은 '조선 사직을 지켜야 한다는 위정척사파(衛正斥邪派 대표적 인물 최익현)' '무력 투쟁으로 대항해야 한다는 의병' '골치 아픈 상황으로부터 현실을 도피한 부류' 등으로 나누어져 있었다. 이런 대응 방식이 일제 강점기가 시작되면서 큰 변화가 있었는데 그 흐름을 짚어보면 다음과 같다.

1895년 을미사변이 발생하고 난 다음 해 1896년 고종이 러시아 공사관으로 몸을 피하는 아관파천(俄館播遷)이 벌어졌고 러일전쟁(1904~1905년)에서 일본이 승리했다. 이후 1937년 중일전쟁이 벌어지자 일본이 패할 것이라는 의견이 많았지만 승리를 하자 조선은 일본인과 동등한 자격을 얻기 위해서는 '내선일체(內鮮一體)'가 필요하다는 주장으로 바뀌게 된다. 즉 조선의 독립보다는 아시아 전쟁에서 승리할 일본에 편승해서 살아가는 것이 낫겠다는 생각으로 바뀌게 된다. 또한 미국이 대 일본 유류 판매와 철강, 기계 부품 수출을 금지 시키면서 진주만 기습으로 벌어진 전쟁이 벌어졌을 때는 일본 승리를 기정사실화 하면서 다음과 같은 생각을 하는 어처구니없는 일이 벌어진다.

내선 친일 단체 〔녹기연맹〕간부로 있었던 현영섭(1906~?) 미래에는 아래와 같은 그룹으로 세계가 나누어 질 것이라 주장했다.

* 소련 블록 – 소련을 중심으로 하는 세력
* 아메리카블록 – 미합중국을 중심으로 하는 세력
* 유럽 블록 – 유럽을 중심으로 하는 세력
* 동아블록 – 일본을 중심으로 하는 만주국, 중국, 태평양 제국

위의 것이 당시 조선인들의 비슷한 생각으로 일부는 '백인종과 황인종 대결' 등으로 보았지만 중요한 것은 일본이 전쟁에서 승리를 해서 아시아를 대표하는 나라가 될 것이라는 생각이다. 따라서 조선과 일본은 한 몸이 되어야 한다는 해괴할 발상으로 접근을 했는데 문제는 조선 독립을 완전히 포기했었다는 것이다. 더 놀라운 것은 안중근 의사가 이토 히로부미를 저격사망시켰을 때 일본에 사죄단을 보낼 정도로 애초부터 친일적인 사고가 깊었다는 사실이다. 이렇게 일본은 우리가 넘볼 수 없는 대상이라는 자기비하와 각종 아첨이 횡행하고 있을 때 이태준은 일본의 패망을 예상하고 있었다는 것은 놀라운 현실 감각이라는 판단이다. 그러나 문제는 당시 일제는 친일단체를 조직해서 국민 계도에 나선 것만 아니라 1938년 2월 22일 칙령 제95호 '육군특별지원병령'의 공포와 동시에 조선인 지원병

제도가 실시되었다는 점이다. 1941년 지원병 145,046명(자원 50,184명+관청에서 종용 79,672명+기타 15,190명)이 지원 되었는데 이것보다 더 많은 의용군을 모집하기 위해 문인들을 대거 활용했다. 노천명 시인의 「지원병에게」, 서정주 시인 「스무 살 된 벗에게」, 김동환 시인 「임전보국단 결성에 제하여」, 3.1만세 독립선언서를 기초한 육당 최남선의 「만주가 우리에게 있다」, 이광수의 「지원병 장행가」 등의 작품에서 우리 조선의 청춘들을 전쟁터에 나설 것을 부추기고 있다. 이런 상황을 이태준은 「해방전후」에서 아래와 같이 묘사하고 있다.

일반지원병제도(一般志願兵制度)와 학생특별지원병제도 때문에 뜻 아닌 죽음이기보다, 뜻 아닌 살인, 살인이라도 내 민족에게 유일한 희망을 주고 있는 중국이나 영미나 소련의 우군(友軍)을 죽여야 하는, 그리고 내 몸이 죽되 원수 일본을 위하는 죽음이 되어야 하는, 이 모순된 번민으로 행여나 무슨 해결을 얻을까 해서 더듬고 더듬다가는 한낱 소설가인 현을 찾아와 준 청년도 한둘이 아니었다. 현은 하루 이틀 동안에 극도의 신경쇠약이 된 청년도 보았고 다녀간 지 한 종일 뒤에 자살하는 유서를 보내온 청년도 있었다.
―《문학》, 「해방전후」, 1947년

위의 내용을 보면 상허 이태준은 일본과 싸우는 중국, 영미 유럽제국, 소련도 우리 편으로 보고 있었다. 그들과 싸우기 위해 일반 지원병에 나서야 하는 우리 청년들이 자신을 찾아와 속 시원한 답을 듣고 싶어 하는 모습을 설명하고 있다. 당장 전쟁터에 나서야 하는 청년들 중에는 자살하는 유서를 보내 올

정도로 공포의 대상이었던 분위기를 전하고 있다.

4. 낙향 직전 난관에 부딪친 이태준

중편 「해방전후」의 시작 부분을 보면 당시가 일제 말기라는 분위기를 금방 알 수 있다. '호출장(呼出狀)'이라는 단어는 권위적이면서 강압적인 느낌이라서 '시달서(示達書)'로 바꾸었다고 하지만 일반인들에게는 공포스럽기는 마찬가지이다. 마치 요즘으로 치자면 피의자를 부르는 구인장 같은 뉴앙스를 풍긴다. 그렇게 때문에 이태준은 분명히 기분 나쁜 표현을 중편 「해방전후」의 시작 부분에 기술하고 있다.

> 호출장(呼出狀)이란 것이 너무 자극적이어서 시달서(示達書)라 이름을 바꾸었다고는 하나, 무슨 이름의 쪽지이든, 그 긴치 않은 심부름이란 듯이 파출소 순사가 거만하게 던지고 간, 본서(本署)에의 출두 명령은 한결같이 불쾌한 것이었다.
>
> —《문학》, 「해방전후」, 1947년

위의 인용 부분에는 상허 이태준의 성격이 나오고 있다. 우선 파출소 순사가 무슨 큰 잘못이나 있고 또 시달서를 배달하는 것이 큰 자리나 되는 듯이 거만하게 던지고 가는 것 자체를 곱지 않은 시선으로 바라보고 있다. 아내는 얼굴빛이 달라지는 것을 보고 주인공 현은 아무렇지 않은 표정을 짓지만 실제로는 '미리 나가서 받아 보고 싶은 마음' '일도 손에 안 잡히고 밥맛도 없으면서 꿈자리까지 좋지 못한' 소심한 성격을 보이고 있다. 이것이 상허 이태준의 본래 성격으로 매사가 신중하고 소심한 편이라는 것을 알 수 있다. 그런 성격은 시달서에 따라 동대문 경찰서에 간 이후에도 고스란히 보여주고 있다. 우선 담당 형사인 쓰루다의 눈치를 보면서 '현의 모자가 아직 그들과 같은 국방모(國防帽) 아님을 민망히 주무르면서 단정히 앉았다.'라는 구절이 대표적이라 할 수 있다. 그 모습은 기가 많이 죽어 있는 상태이며 성격의 반영이라는 판단이다.

「시국을 위해 왜 아모 것도 안 하십니까?」
「나 같은 사람이 무슨 힘이 있습니까?」
「그러지 말구 뭘 좀 허십시오. 사실인즉 도 경찰부에서 현 선생 같으신 몇 분에게, 시국에 협력하는 무슨 일 한 것이 있는가? 또 하면서 장차 어떤 방면으로 시국 협력에 가능성이 있는가? 생활비가 어디서 나오는가? 이런 걸 조사해 올리란 긴급 지시가 온 겁니다」

−《문학》, 「해방전후」, 1947년

인용한 내용을 보면 일제는 주인공 현에게 시국을 위해 나서 달라는 요구를 하고 있는 것이다. 도 경찰부에서는 주인공 현에게 '시국을 위해 할 일' '어떤 방면 시국 협력 가능성' '생활비가 나오는 곳' 등에 대해서 조사를 해서 옥조이겠다는 의미이다. 현이라는 주인공이 문학을 하는 사람이니 그 명성을 시국에 활용하겠다는 것이다. 그런 목적을 달성하기 위해서는 당장 생활비가 어디서 나오는지 파악하라는 것으로 부정한 방식을 써서라도 자기편을 만들겠다는 생각을 갖고 있어 보인다. 이런 방식은 상허 이태준 1932년 《동방평론》에 실린 「실락원 이야기」에서 구체적으로 등장하고 있다. '새로 부임한 선생을 경찰로 만들기 위해 술수를 쓰다가 계획대로 되지 않자 학교 폐교를 내세워 주인공을 떠나게 만드는 내용'이다.

5. 결국 『대동아 전기(大東亞戰記)』를 번역

이태준 작품 연보를 보면 1943년 2월 《인문사》를 통해서 『대동아전기(大東亞戰記)』를 번역한 것으로 기록되어 있다. 이 책은 일본이 자신들의 전쟁 승리 기록을 발간한 것으로 구체적으로 1943년 5월 27일 《흥아 일본사》를 통해서 출판됐다. 당시 일본은 육군 전쟁사를 먼저 발간하고 나중에 해군 것을 발간으로 추측된다. 그것을 증명하는 것이 '해공군 전쟁사'는 1944년 8월 10일에 출판된 것이다. 소설 「해방전후」에 등장하는 『대동아전기』는 1942년 일본에서 '육군전쟁사'를 번역한 것으로 판단된다.

작품 「해방전후」에서 주인공은 일본 전쟁사를 번역하는 것에 대해서 상당한 굴욕을 느낀 것으로 묘사되고 있는데 그 과정을 알아보면 다음과 같다.

「우리 따위 하층 경관이야 뭘 알겠읍니까만 인젠 누구 한 사람 방관적 태도는 용서되지 않을 겁니다」
「잘 보신 말씀입니다」

현은 우선 이번의 호출도 그 강압 관념에서 불안해하던 구금(拘禁)이 아닌 것만 다행히 알면서 우물쭈물하던 끝에
「그렇지 않아도 쉬 뭘 한 가지 해보려던 참입니다. 좋도록 보고해 주십시오」

-《문학》,「해방전후」, 1947년

위의 내용을 보면 주인공 현이 일본 요구에 부흥하는 어떤 일을 하는 것을 결정했다는 이야기를 한다. 그리고 나서 어느 출판사에 들려 주간(主幹)을 통해 '일제 총독부 경무국' 지시라는 이름을 달은 『대동아전기』를 번역하는 일을 맡게 된다. 이것은 시국 강연 때 '조선말로 춘향전 한 구절을 읽은 것'이 문제가 될 것을 얼른 막기 위해 결정을 한 것이다. 이런 행위에 대해서 공동 번역을 했던 이무영 소설가(1908.1.14~1960.4.21)가 친일 행위로 비난을 받고 있는데 반해 이태준에게는 언급이 되지 않은 이유는 '평소 행동과 문학이 친일 성향'을 보이지 않았다는 것이다. 이태준의 경우에는 이런 행동에 스스로 다음과 같이 부끄러워했던 것으로 표현하고 있다.

심란한 남편의 심정을 동정해 안해는 어느 날보다도 정성 들여 깨끗이 치운 서재에 일본 신문의 기리누끼(切拔絵, 신문을 오려 낸 것)를 한 몽뎅이 쏟아놓을 때 현은 일찍 자기 서재에서 이처럼 지저분함을 느껴본 적이 없었다.

-《문학》,「해방전후」, 1947년

이태준을 가장 잘 알고 이해하는 것은 그의 아내 이순옥이다.

당대 최고 이화여전 음악과 출신이 무일푼 문학청년에게서 베토벤 같은 예술적 열정을 보았고 사랑했던 여자였다. 생활비를 털어서 골동품을 사오더라도 '모든 것이 예술적 정신의 발로'라고 이해했던 유일한 여자이면서 문학적 동반자였었다. 그런 이태준이 시달서를 받고 경찰서로 간 남편이 얼마나 참담하게 자존심이 무너졌을지 알고 있던 아내 이순옥은 어느 날보다 상허 이태준의 서재를 깨끗하게 치워 놓고 있었다. 그렇게 정갈한 서재에 일본 신문 뭉텡이를 들고 온 자신에 대해서 지저분한 마음이 되고 있다. 일본 신문을 누리끼리한 색으로 표현을 한 것은 '신선하지 않고 낡은 나라' '마치 누리끼리한 환자처럼 생기를 잃어버리는 나라'라는 의미로 읽혀진다. 또 자신의 정신적 본산이라고 할 수 있는 서재에 일본 신문을 놓여 있는 모습을 스스로 참을 수 없는 안타까움을 표현하고 있다. 이런 상황은 스스로 지난 역사를 돌아보면서 다음과 같은 절망을 느끼게 만들고 있다는 점을 이야기하고 있다.

> 철 알기 시작하면서부터 굴욕만으로 살아온 인생 사십, 사랑의 열락도 청춘의 영광도 예술의 명예도 우리에겐 없었다. 일본의 패전기라면 몰라 일본에 유리한 전기(戰記)를 내 손으로 주물르는 건 무엇 때문인가?
>
> —《문학》,「해방전후」, 1947년

위의 글은 이태준 작가의 삶의 이력이 담긴 내용이다. 나이 사십이 되기까지 일제 강점기를 지내 오면서 예술가의 명예도 삶에서는 꽃다운 청춘도 없었다는 점을 탄식하고 있다. 그렇게 아프고 절망뿐인 세월을 살아왔으면서 아직도 자신이 꿈꾸는 세상이 오지 않았음을 한탄하고 있다. 더욱이 자신의 손으로 일본인들이 벌인 전쟁 기록을 번역해야 하는 현실에 절망적으로 표현하고 있다. 살기 위해 일본에 협조를 해야 하는 자신이 점점 나락으로 빠져 들어가야 하는 자신의 몰락을 벗어나기 위해 결단을 해야 하는 시간이 도래했음을 시사하고 있다. 그런 현실적 문제를 타개하기 위해 결정을 내린 것이 1943년 붓을 꺾고 철원 안협으로 낙향한 것이다. 이런 낙향이 어떤 의미를 갖고 있는지 알려주는 것이 2009년《독립기념관 한국독립운동사 연구소》에서 발행한『문화예술운동』인데 다음과 같이 정리되어 있다.

　　1937년 중일전쟁 이후에는 그 이전과 저항의 양상이 판이하게 달라진다. 중일전쟁 이전에는 주로 일제가 무엇을 금지하는 소극적 차원이라면, 이후에는 일제가 작가들에게 '무엇을 하라'고 요구하는 적극적 차원으로 바뀌었다. 따라서 저항도 이전과는 확연하게 달라질 수밖에 없었다. 중일전쟁 이전에는 소극적 차원의 금지였기 때문에 작가의 침묵이 저항이 될 수 없었다. 오히려 침묵이 무능력과 무관심에 가까운 것인 반면에 중일전쟁 이후 적극적 차원의 강요 차원에서는 작가의 침묵이 아주 중요한 저항의 수단이었다. 이렇게 중일전쟁 이전의 저항과 이후 저항은 양상이 달라지기 때문에 이를 적극 고려하지 않으면 저항의 구체성을 사라지고 만다.
　　　　－《독립기념관 한국독립운동사 연구소》,『문화예술운동』, 2009년

　　위의 글은 일제 강점기 문화 정책을 분석하고 있다. 1937년

중일전쟁 이전에는 주로 금지를 하는 방식으로 문화정책 기조를 유지했다. 즉 자신들 정책에 어긋나는 것을 막기 위해 사전 검열제도를 운영했다. 미리 막음으로서 후환이 생기지 않도록 하는 방식이었다. 그러나 1937년 이후에는 '무엇을 하라'는 식으로 강압적이었다. 따라서 이런 일제 정책에 협조하지 않고 침묵하는 것이 새로운 저항 방식이었다. 이태준이 낙향을 결정한 것도 일본에 협조하지 않겠다는 작가적 저항 방식이었다.

6. 창씨개명을 하지 않았던 이태준

이태준 연보를 보면 창씨개명을 하지 않은 것으로 기록되어 있다. 일제 강점기 말기에는 황국신민화 정책으로 이름조차 일본식으로 바꾸도록 강요를 했었다. 그렇게 하는 것이 조선과 일본이 하나가 되는 정책이라는 생각이었다. 당시 지식인들은 처음에는 즉각 독립을 생각했었다. 그러나 1919년 3.1만세 운동 이후에는 '국제관계가 조선에 우호적이지 않고 힘이 부족하다는 판단으로 능력 키워서 독립'이라는 방식으로 바뀌었다. 이런 생각은 시간이 흐르면서 지금은 일본에 의지하고 있다가 후일에 독립을 추진 해야 한다는 발상으로 변했다. 결국 타협안을 낸 것이 '일본에 숟가락을 얹어서 후일을 도모하자는 시대적 변명'으로 자기 합리화를 시켰다. 이것은 일본이 조선과 일본이 한 몸이라는 '내선일체 사상'의 기초가 되었다. 이것에 따라 일본이 시행한 정책이 많았는데 그중에서 상징적인 것이 창씨개명이다. 우선 이름이라도 일본신민처럼 해야 한다는 정책이지만 이것은 우리의 뿌리를 흔들려는 방식이었다. 이태준 「해방전후」에는 이 문제에 대해서 다음과 같이 기술하고 있다.

「그래두 뭘 하신다고 보고가 돼야 좋을 걸요. 그 허기 쉬운 창씨(創氏) 왜 안 허시나요?」
　수속이 힘들어 못하는 줄로 딱해 하는 쓰루다에게 현은 어서 이것에 관해서도 대답할 말이 없었다.
「우리 따위 하층 경관이야 뭘 알겠읍니까만 인젠 누구 한 사람 방관적 태도는 용서되지 않을 겁니다」
　　　　　　　　　　　　　　　－《문학》, 「해방전후」, 1947년

위의 글을 보면 이태준은 창씨개명을 하지 않았던 것으로 보인다. 작품에서 이름이 성격을 좌지우지한다는 주장을 했던 이태준이 창씨개명을 한다는 것은 도저히 용납되지 않는 일이었던 것으로 보인다. 그래서 하기 쉬운 창씨개명을 대답할 말이 없다는 식의 방관적 태도를 유지하고 있다. 이런 생각은 민족문화를 지키기 위한 것이라는 사실을 1945년 12월 《우리공론》에 「산업문화에서의 창씨개명 문제」에서 여실히 드러내고 있다.

　나중에는 도저히 수습할 수 없는 산업문화의 창씨개명 시대가 오지 않으리라고 누가 단언할 것인가? 무슨 품명에나 무슨 간판에나 허턱 외어를 붙여 버릇하는 것은 민족문화에 지대한 악영향을 줄 가능성이 있다는 것을 충분히 고려하자.

　이태준 작품에 나오는 창씨개명 문제가 어떤 방식으로 추진

되었는지 구체적으로 알아보면 아래와 같다.

1939년 11월 '조선민 개정하여 한국인 성명을 폐지하고 일본'식 씨명제氏名制를 설정했다. 이를 시행하기 위해 1940년 2월부터 같은 해 8월 10일까지 '씨'를 결정해서 제출할 것을 명령하였다. 조선총독부는 관헌을 동원해서 협박과 강요로 이를 시행하고자 했다. 창씨를 하지 않는 사람의 자제에게는 각급 학교의 입학을 거부하고, 창씨하지 않는 사람에 대해서는 '국민' '불령선인(不逞鮮人)'으로 간주하고 사찰과 미행을 마다하지 않았다. 나아가 노무 징용의 우선 대상으로 하거나 식량 등의 배급대상에서 제외하는 등 갖은 사회적 제재를 가했다.

-《한국독립운동사편찬위원회》,
『일제의 친일파 육성과 반민족 세력』, 2009년

위의 글을 보면 창씨개명은 권장 사항이었다는 것을 알 수 있다. 행정기관에서 일방적으로 시행하지 않고 스스로 성씨를 정하고 관헌을 동원해서 협박과 강요를 통해 시행하고자 했고 이에 응하지 않은 조선인들에게는 징용 우선 순위, 식량 배급 거부, 사찰과 미행 등의 불이익을 줬다. 또 학교에는 입학을 거부하도록 했지만 권장 사항 정도였다는 것을 알 수 있다. 즉 강요보다는 선택에 맡겼다는 판단이 든다. 그것을 증명하는 것이 당시 신문을 보면 '치과의사 시험 합격자 명단' '순경 기사' '1941년 조선 총독부 직원록' '1942년 만주국에서 근무할 보통학교 합격자' 등에는 우리 식의 이름이 그대로 나와 있는 것이다.

7. 낙향한 강원도 안협에서의 난관

 일제 강점기 말에는 황국신민화 또는 내선일체라는 평계를 만들어 조선의 혼을 말살하던 시기였다. 당시에는 '징용' '징병'이 본격 추진돼서 예술인들은 이것을 피하려고 친일의 길을 걸으면서 목숨을 부지해야 했다. 자칫 시국을 반대하는 작품을 썼다가는 미운털이 박혀서 징용 대상으로 몰릴 수 있기 때문이었다. 일제의 정책이 마땅치 않으면 현실을 도피하고 침묵으로 일관하는 것이 유일한 대항 방식이었다. 이태준은 서울에 머무를 경우 일본 관리들의 요청으로 마음에도 없는 시국 강연회에 끌려 나가야 하는 굴욕을 피하기 위해 안협으로 귀촌을 택했다. 이렇게 농촌으로 내려가게 된 이유는 다음과 같이 '일본이 패망한다는 확신'이 있었기 때문이었다.

 지금 독소는 싸우고 있지 않은가! 미영중(美英中)도 일본과 싸우고 있다. 연합군의 승리를 믿자! 정의와 역사의 법칙을 믿자! 정의와 역사의 법칙이 인류를 배반한다면 그때는 절망하여도 늦지 않을 것이다!

 구라파에서 제이 전선이 아직 전개되지 않았고 태평양에서 일본군이 아직 라바울을 지킨다고는 하나 멀어야 이삼 년이겠지 하는 심산...

-《문학》, 「해방전후」, 1947년

 위의 인용된 「해방전후」의 주인공 현의 생각을 보면 연합군이 일본을 이기는 것을 정의와 역사 법칙으로 판단하고 있다. 지금 일본이 항공대 기지가 있는 라바울(서남태평양, 멜라네시아의 뉴브리튼 섬 동북부에 있는 항구 도시)을 지키고 있다고 해도 길어야 2~3년이라는 긍정적인 생각을 갖고 있었다. 만약 일본이 승리를 한다고 해도 그때 절망해도 될 것이라는 판단으로 국제 정세를 파악하고 있다. 그렇기 때문에 시골에 내려가서 몇 년만 버티면 자연스럽게 해방을 맞이할 것이라는 생각으로 강원도 안협으로 내려가는 결단을 한다. 다른 사람 같으면 서울 성북동의 수연산방을 팔았겠지만 이태준은 은행에서 최대한 저장을 잡히는 방식으로 귀촌을 한다. 안협을 선택한 이유는 고아 시절 양자로 갔던 지역과 가깝다는 점과 의료시책으로 배치한 공의(公醫)를 알기 때문이었다. 공의를 통해 징용을 면하고 임진강이 가까워서 낚시를 할 수 있고 일본의 감시나 간섭을 받지 않을 것이라는 기대를 갖고 있었던 것으로 보인다. 이런 기대감은 도착하자마자 무너진 상황이 벌어진다.

    면사무소엔 상장(賞狀)이 십여 개나 걸려 있는 모범면장으로 나라에선 상을 타나 백성에겐 그만치 원망을 사는 이 시대의 모순을 이 면장이라고 예외일 리 없어

    성미가 강직해 바른말을 잘 쏘는 공의와는 사이가 일찍부터 틀린 데다가, 공의는 육 개월이나 장기간 강습으로 이내 서울 가 버리고 말았으니 징용 면할 길이 보장되지 못했고

    낚시터도 처음 와 볼 때는 지척 같더니 자주 다니기엔 거의 십리

나 되는 고달픈 길일 뿐 아니라 하필 주재소 앞을 지나야 나가게 되었고 부장님이나 순사 나리의 눈을 피하려면 길도 없는 산등성이 하나를 넘어야 되는데

-《문학》, 「해방전후」, 1947년

조용한 산읍을 관리하는 면장이라는 사람은 상장이 수십 개 걸려 있는 모범 면장으로 편안하게 지낼 수 있는 여건이 아니었다. 특히 면장 입장에서는 서울에서 내려온 작가의 행동에 따라서 자신이 쌓아 올린 명예가 한꺼번에 무너질 수 있다는 생각으로 철저하게 감시를 할 수밖에 없었고 징용을 면하게 해 줄 것으로 믿었던 공의는 면장과 사이가 벌어져 6개월 장기간 강습으로 안협에 없는 황당한 일이 발생했다. 주인공 현이 좋아하는 낚시도 10리나 되는 고달픈 거리였고 주재소 앞을 지나야 해서 부장이나 순사의 눈길을 피할 수 없었다. 그걸 피하기 위해서는 산등성이를 넘어 가다가 다음과 같은 일이 발생한다.

길도 없는 가닥 숲을 젖히며 비 뒤에 미끄러운 비탈을 한참이나 해매어서 비로소 펑퍼짐한 중턱에 올라설 때다. 멀지 않은 시야에 곰처럼 시커먼 것이 우뚝 마주서는 것은 순사부장이다. 현은 산짐승에게보다 더 놀라 들었던 두 손의 낚시도구를 이번에는 펄썩 놓아 버리었다.

-《문학》, 「해방전후」, 1947년

이런 일이 발생한 뒤에 주재소에 불려가서 다음과 같은 소리를 듣고 낚시는 더 이상 할 수 없는 상황을 맞게 된다.

> 당신을 징병단에도, 방공감시에도 뽑지 않은 것은 나라를 위해서 글을 쓰라고 그냥 둔 것인데 자꾸 낚시질만 다니니까 소문이 나쁘게 나는 것이오. 내가 어제 본서에 들어갔더니, 거긴 이런 한가한 사람이 있어 버스에서 보면 늘 낚시질 하니 그게 누구냐고 단단히 말을 합디다. 인젠 우리 일본제국이 완전히 이길 때까지 낚시질은 그만둡시다.
>
> —《문학》, 「해방전후」, 1947년

위의 내용은 주인공 현이 낚시를 다니는 것에 대한 일본 순사의 비난이다. 작가인 당신에게 일본을 위한 글을 쓰라고 전시체제에 필요한 징병단과 방공감시에도 안 뽑았는데 한가하게 낚시만 하고 있다고 본서의 말의 빌려 힐난하고 있다. 그런 뒤에 일본이 완전히 승리를 할 때까지 낚시를 금지하라고 명령조로 이야기를 하고 있다. 이런 시기에 문인보국회(1943년 4월 부민관에서 조선문인협회, 조선하이쿠작가협회, 조선센류협회, 국민시가연맹이 통합하여 결성한 친일단체)에서 문인궐기대회가 있으니 올라오라는 전보가 도착을 한다.

안협까지 내려온 주인공 현에게 이런 전보가 오게 된 이유는 다음과 같은 이유였다. 이태준은 1939년 10월 29일 부민관에서 문인 250여 명이 결성한 조선문인협회에 이광수·김동환·김억·정인섭·유진오·이태준·최재서·박태원·김문집 등과 같이 발기인으로 참여했었다. 이후 정식으로 설립되었을 당시 회장은 이광수였고 조선인 측 간사에는 김동환·정인섭·주요한·이기영·박영희·김문집 등이 선임되었고 이태준 이름은 없다.

이후 이 단체는 친일 문학 행사를 개최했는데 이태준의 이름은 보이지 않는다. 처음 발기인에 참여를 했는데 이것은 《문장》(1939년 2월 창간~1941년 4월 폐간)을 발간 중이었기 때문에 어쩔 수 없이 참여를 한 것으로 추측 된다. 이런 생각을 하게 된 이유는 이태준이 문인 연설에 춘향전 한 대목만 읽고 내려왔다는 것에서 추정이 가능하다. 또 「해방전후」에 등장하는 문인 보국에 참여하는 과정에서 확실하게 알 수 있다.

* 서울 문인보국회(文人報國會)에서 문인궐기대회가 있으니 올라오라는 전보 도착
* 주재소에서 장문 전보가 온 것을 모를 리 없음
* 주인공 현의 딸이 편지 부치러 나갔는데 우체국장이 아버지 내일 서울 가느냐 물음
* 다음날 두 번째 또 그 다음날 세 번째의 좌우간 답전을 하라는 독촉 전보를 받음
* 일본 순사가 나타나서 떠나면 필요한 여행 증명 문제, 안 떠날 경우 이유를 물음
* 서울에 가게 되면 자신 회중시계 수리 부탁
* 현에게 전보를 세 번씩이나 친 까닭은 시국 협력을 달갑게 여기지 않는 중견층 칠팔 인을 문인보국회 간부급 몇 사람이 정보과장과 하루 저녁의 합석을 알선한 일이 있었음
* 그 자리에 주인공 현만 참석 하지 않았음으로 대회 순서 하나 맡기면 좋을 것으로 판단
* 서울에 올라 온 현더러 소설부를 대표해 무슨 진언(眞言)을 하라는 것

* 현은 처음에는 못한다고 앙탈을 했으나 버티지 못하고 부민관 대회장 참석
* 행사장은 생각보다 어마어마해서 모두 국민복에 예장(禮章)을 찼고 총독부 무슨 각하, 조선군 무슨 각하, 예복에 군복에 서슬이 푸르렀고 일본 작가에 누구, 만주국 작가에 누구, 조선문단이 생긴 이후 첫 어마어마한 집회장으로 밝혀짐
* 주인공 현은 시골서 낚시질 다니던 진흙 묻은 웃저고리에 바지만은 후란네루를 입었으나 국방색도 아니요, 각반도 차지 않아 자기의 복장은 시국색조에 너무나 무감각함
* 현은 자신의 차례가 될 즈음에 화장실로 몸을 피함
* 화장실에서 눈치를 보다가 성북동에 있는 친구에게로 달려 감

　정리된 글을 보면 주인공 현은 일제의 동원 행사에 참여했지만 강연에는 동참하지 않은 것으로 설명되어 있다. 우선 이태준 특유의 '남들이 서울을 떠나 바닷가로 여행을 떠나는 여름에 모기장을 치고 혼자 지내고 싶다.'는 성격을 가지고 있는데 보기에도 호화스럽고 권력자들이 등장한 장소에서 본능적으로 피하는 자기 방어였던 것으로 판단된다. 또 다른 사람들은 일제가 요구한 옷을 입고 있는데 발표를 해야 하는 자신이 전시체제와는 동떨어진 의복이라는 점에서 심한 거부감을 느꼈을 것이다. 마지막으로 자신의 차례가 다가오자 심리적으로 '모든 사람이 올가미를 던지는 것 같은' 압박감으로 모자를 놔둔 채 화장실로 도피를 하는 결단을 내린다. 모자를 자리에 둠으로서 다른 사람들이 급한 용무 때문에 잠시 나갔다가 다시 돌아올 것으로 착각하게 만드는 효과도 있었을 것으로 보인다.

8. 상고주의 상징 김 직원의 등장

　이태준이 좌익 계열 문학단체인 [문화건설중앙협의회]에 활동을 한 것을 두고 많은 평론가들이 의아하게 생각한다. 이유는 순수문학을 내세우던 작가라는 판단에 기인한 것이라고 할 수 있다. 좌익 계열과 다른 문학인 선입견을 갖게 된 것은 일제 말기의 주간으로 활동한《문장》, 카프계열에 대항해 운영한 '구인회' 등의 활동에 기인한 것이다. 그렇게 순수문학의 기수로 활동했던 이태준이 중심 사상은 '옛적의 문물을 숭상하여 모범으로 삼는 상고주의(尙古主義)'이다. 이것을 버리고 [조선문학가동맹]를 선택한 것에 대한 분명한 설명이 필요한데 그 역할을 김직원이라는 인물의 등장이라고 할 수 있다.

　낚시질을 못 가는 날은 현은 책을 보거나 그렇지 않으면 김직원을 찾아갔고 김직원도 현이 강에 나가지 않았음직한 날은 으레 찾아왔다. 상종한다기보다 모시어 볼수록 깨끗한 노인이요 이 고을에선 엄연히 존경을 받아야 옳을 유일한 인격자요 지사였다. 현은 가끔 기인여옥(其人如玉)이란 이런 이를 가리킴이라 느끼었다. 기미년 삼일운동 때 감옥살이로 서울에 끌려왔을 뿐, 조선이 망한 이후 한 번도 자의로는 총독부가 생긴 서울엔 오기를 피한이다. 창씨를 안하고 견디는 것은 물론, 감옥에서 나오는 날부터 다시 상투요 갓이었다.

　김직원은 처음엔 현더러 문인궐기대회에 가지 말라 하였다. 가지 말라는 말을 들으니 현은 가지 않기가 도리어 겁이 났다. 그랬는데 다음날 두 번째 또 그 다음날 세 번째의 좌우간 답전을 하라는 독촉 전보를 받았다. 이것을 안 김직원은 그날 일찍이 현을 찾아왔다.

「우리 따위 노흔한 것들이야 새 세상을 만난들 무슨 소용이리까만 현공 같은 젊은이는 어떡하든 부지했다가 그에 한몫 맡아주시오. 그러자면 웬만한 일이건 과히 뻗대지 맙시다. 징용만 면헐 도리를 해요」

-《문학》,「해방전후」, 1947년

위에 등장하는 김 직원은 작품에서 사족과 같은 느낌을 준다. 왜냐하면 '김직원'이라는 인물이 등장하지 않아도 이야기 전개에는 문제가 없다. 이태준은 신인 소설가를 뽑는 《문장》의 소설평에서 깔끔한 이야기 전개가 필요하다는 주장을 지속적으로 펼치던 작가였다. 이야기가 산만해지는 것을 막는 것이 좋은 작품의 필수조건이라는 지적을 하면서 '한 장씩 읽지 않고 여러 페이지를 넘기면서 읽었다.'라는 평을 남길 정도로 작품에 군더더기가 없애라는 요구를 많이 했었다. 또 등장인물 이름을 짓는 것도 작품의 성향을 드러내는 것이기 때문에 신중하게 지어야 한다는 주장도 펼치고 있었다. 그런 이태준이「해방전후」에서 등장인물 이름이 '김직원'이라는 점에 주목을 할 필요가 있다. 일제 강점기에 직원이라는 직위는 '향교나 경학원의 직무, 또는 그 직무를 맡아 하던 사람'이다. 이런 인물을 등장 시킨 것은 우리 전통을 지키려는 사람 즉 이태준이 끝없이 지키려는 상고주의를 대변하려는 심리라는 판단이다. 김 직원 성향을 보면 '인품이 옥과 같이 맑고 깨끗한 사람'이라는 의미의 기인여옥(其人如玉)이라고 하면서 조선 총독부가 있는 서울에는 기미년 삼일운동 때 감옥살이로 서울에 끌려왔을 때를 제외하고는 발을 끊어버린 인물로 묘사되고 있다. 또 형기를 마치고 출옥을 한 뒤에는 갓과 상투를 올리고 살면서 창씨개명도 안 하고 버티는 지사의 느낌을 갖게 만든다. 이런 김 직원이 서울에서 열리는 문인궐기대회 참석을 반대했었지만 일제가 시행 중인 징용을 면하기 위해서는 협조를 해야 한다는 쪽으로 성향이 바뀌고 있다. 이것은 새 세상이 오면 주인공 현과 같은 사람이 큰 몫을 맡아야 한다는 것이 이유이다. 이런 생각은 겉으로 보기에는 세상을 살아가는 방법 같지만 실제로는 변절을 합리화하는 구실이 되는 경우가 많았다. 일제 강점기 초기에는 서슬 퍼렇게 독립운동에 나섰던 수많은 지사들이 '지금은 힘이 부족 – 적당히 일본에 협력해서 힘을 기름 – 조선 독립을 해야 함 – 일본에 협조 – 권력에 맞들임 – 적극 친일파로 변신'하는 과정과 유사하다는 점에서 경계해야 할 사항이었다. 그런 점에서 「해방전후」에 등장하는 김 직원이 변화를 보이고 있는 것은 이태준의 심리 상태라는 판단이다. 그렇다면 김 직원이 꿈꾸던 세상은 어떤 것인지 작품을 분석해 보면 아래와 같다.

「외국에는 조선이나 대한보다 고려로 더 알려졌기 때문인가 봅니다. 직원님께서 무어라 했으면 좋겠습니까?」
「그까짓 국호야 뭐래든 얼른 독립이나 됐으면 좋겠소. 그래도 이왕이면 우리넨 대한이랬으면 좋을 것 같어」
「난 그전대로 국호도 대한, 임금도 영친왕을 모셔내다 장가나 조선 부인으로 다시 듭시게 해서 전 주 이씨 왕조를 다시 한번 모셔보구 싶어」

「그립다뿐이겠소. 우리 따위 필부가 무슨 불사이군(不事二君)이래서 보다도 왜놈들 보는 데 대한 그대로 광복(光復)을 해 가지고 이번엔 고놈들을 한 번 앙갚음을 해야 허지 안겠소?」

-《문학》,「해방전후」, 1947년

위의 글은 독일이 연합군에서 항복을 하는 상황이 벌어지고 일본만 남은 상태에서 조선 독립을 기정사실화 하면서 주고받은 이야기이다. 여기에 김 직원은 뿌리 깊은 상고주의(尙古主義)를 드러내는데 이런 성향은 이태준이 추구했던 세계와 같아서 동지와 같은 느낌을 갖게 한다.

9. 살고 싶은 인간적 갈등 시작

작가는 작품 속에서 허구의 인물을 그려낸다. 독자들은 작가가 그려 낸 허구의 인물을 통상 상상으로 만들어낸 것이라 믿는다. 왜냐하면 Fiction이라는 의미 즉 지어낸 이야기가 소설의 기본이기 때문이다. 그럼에도 이태준이 발표한 소설은 당시 시대상을 반영하고 있다. 시대 흐름에서 떠밀려 난 사람들을 주인공으로 선택해 애잔한 공감대를 형성하는 순수문학을 추구하는 작가였다. 이런 작품 경향을 버리고 현실 참여로 변화를 하는 것에는 상당한 심리적 갈등을 피할 수 없었다. 그것을 위해서 소설의 주인공 '현'을 통해 일제 강점기에는 소심한 순수문학 옹호자였지만 해방 이후에 사회주의자로 사상적 변화의 과정을 설명하고 있다. 이태준은 자신의 사상적 변화를 확실하게 하기 위해서 '한 작가의 수기'라는 부제를 붙여 1946년 6월 《문학》에 발표했다. 이런 점에 근거해 보면 중편 「해방전후」에 등장하는 김 직원은 아주 중요한 인물이다. 주인공 '현'과 마음이 통하는 사람으로 '일제의 패망'에 대해서 다음과 같이 공감대를 형성하고 있다.

> 억천 암흑 속에 일루의 광명을 향해 남몰래 더듬는 그 간곡한 심정의 촉수만은 말하지 않아도 서로 굳게 합하고도 남아 한두 번 만남으로 서로 간담을 비추는 사이가 되었다.
> 만나면 자연 시국 이야기요, 시국 이야기면 이미 독일도 결단났고 일본도 벌써 적을 오끼나와까지 맞아들일 때라 자연히 낙관적 관찰로서 조선 독립의 날을 꿈꾸는 것이었다.
> 「그립다뿐이겠소. 우리 따위 필부가 무슨 불사이군(不事二君)이래서 보다도 왜놈들 보는 데 대한 그대로 광복(光復)을 해 가지고 이번엔 고 놈들을 한 번 앙갚음을 해야 허지 안겠소?」
> 「김직원께서 이제 일본으로 총독 노릇을 한 번 가 보시렵니까?」
> 하고 둘이는 유쾌히 웃었다.
>
> ─《문학》, 「해방전후」, 1947년

일제 감정기가 얼마 남지 않았음을 공감하면서 해방 이후의 상황에 대해서는 상당한 다른 견해를 보이고 있다. 김 직원은 망한 조선을 회복해서 일본에 되갚아 줘야 한다는 인식이다. 즉 일본의 식민지 이전으로 돌아가서 우리 것을 회복하고 싶다는 생각을 갖고 있다. 이에 반해 주인공 '현'은 광복 이후 '고려민국'이라는 국호에 대해서 관심을 갖고 있다. 이유는 고려라는 이름이 '외국에는 조선이나 대한보다 고려로 더 알려졌기 때문인가 봅니다.'라는 의견을 보인다. 그런 다음 '직원님께서 무어라 했으면 좋겠읍니까?'라고 묻는다. 이에 김 직원은 다음과 같이 이야기 한다.

> 그까짓 국호야 뭐래든 얼른 독립이나 됐으면 좋겠소. 그래도 이왕이면 우리넨 대한이랬으면 좋을 것 같어
>
> -《문학》, 「해방전후」, 1947년

위의 글을 보면 명확하게 두 개의 의견이 어긋나고 있음을 알 수 있다. 우선 국호에 대해서 김 직원은 '대한제국(大韓帝國, 1897년 10월 12일부터 1910년 8월 29일까지의 조선의 국명)'에 대해서 집착을 하고 있다. 그래서 '대한'이라는 국호를 선호하고 있다. 이에 반해 주인공 '현'은 다음과 같은 생각을 갖고 있다.

> 그렇다면 지금 다시 이왕시대(李王時代)가 아닐 바엔 대한이란 거야 무의미 허지 않습니까? 잠시 생겼다 망했다 한 나라 이름들은 말씀대로 그때그때 조정이나 임금 마음대로 갈었지만 애초부터 우리 민족의 이름은 조선이 아닙니까?
>
> -《문학》, 「해방전후」, 1947년

김 직원보다 신세대인 '현'은 잠시 생겼다 망한 나라 이름이기 때문에 거부감이 있다는 점을 강조하고 있다. 따라서 '고려민국'이 아니면 '조선'이라는 것이 더 좋다는 의견을 내고 있다. '현'이 이런 말을 한 것은 당시 상고주의와 결별을 암시하고 있

다는 판단이다. 결과적으로 신탁통치를 찬탁으로 변심하고 국가를 '조선인민주의 공화국'이라는 이름으로 붙인 것과 무관하지 않다는 생각이 들게 한다. 또 다른 문제는 국호를 무어라 하던지 우선 독립을 먼저 해야 한다는 발상이다. 이런 대화는 당시 지식인들이 일제 강점기에서 독립한 이후 대비책을 세워 놓지 못하고 있었다는 것을 반증하고 있다. 이런 상황은 독립 이후 마땅한 대책도 없이 서로 갈등을 조장하는 사태로 번지게 만들었다는 점을 분명하게 보여준다.

김 직원과 「해방전후」 주인공 현이 같은 생각으로 행동을 하는 경우가 있었는데 그것은 옛날 비석 이야기를 하다가 '안협 동구(洞口)에 늘어선 현감비(縣監碑)들이나 구경 갔던 일'이다.

> 거기서 현은 가장 첫머리에 대산강진(對山姜璡)의 비를 그제야 처음 보았고 이조말(李朝末) 사가시(四家詩)의 계승자(繼承者)라고 하는 시인 대산이 한때 이곳 현감으로 왔던 사적을 반겨 놀라지 않을 수 없었다.
> 　　　　　　　　　　　　　　　－《문학》, 「해방전후」, 1947년

인용된 부분은 '현'과 김 직원이 한마음이 되었던 마지막 사건이다. 주인공은 '현'은 김직원 집에서 두 권으로 된 이 대산집(對山集)을 빌려서 읽고 시 구절을 홍얼거리면서도 과거에 가졌던 '상고주의'와 다른 생각을 표현하고 있다. 골동품이라는 단어를 죽은 물건으로 표현하는 것이라 비판을 하고 '고완품(古玩品)'으로 불러야 한다는 입장에서 '취미' 정도로 폄하하고 있는

변화를 다음과 같이 표현하고 있다. 참고적으로 대산강진(對山姜溍) 선생은 안협현감(安峽縣監)을 1847년(헌종 13)~1853년(철종 4)까지 지냈다.

> 현은 무시로 대산의 시를 입버릇처럼 읊조리면서도 그것은 한낱 왕조시대(王朝時代)의 고완품(古玩品)을 애무하는 것 같은 취미요 그것이 곧 오늘 자기 문학 생활에 관련성을 가진 것이라고는 생각되지 않았다.
>
> -《문학》, 「해방전후」, 1947년

이태준의 문학을 상고주의가 바탕이라는 평이 많다. 작품 곳곳에 우리 전통문화에 대한 향수가 많이 보이기 때문이다. 이 동백의 창을 좋아하고 월급을 털어서 도자기 한 점을 구입하는 성격에다가 자신의 집을 먹을 갈아서 공부하는 곳이라는 '수연산방'으로 택호를 붙인 것만 봐도 알 수 있는 성격이다. 일본에 유학을 하면서 베닝호프 박사를 만나서 서양 문화에 대한 이해와 지진을 경험하면서 자연과학에 대해서 눈을 뜨기도 했지만 이태준의 문학은 우리 문화를 지키는 것에 집착을 하고 있다. 특히 일본의 민족 말살 정책 수위가 높아지는 시기에도 우리 전통 문화에 대한 애착을 버리지 않았다. 그런 이태준이 중편 「해방전후」에서는 기존의 고정관념을 버리는 새로운 행동을 보이고 있다. 붓을 꺾고 귀향을 한 안협에서 현감을 지낸 대산강진(對山姜溍)의 시집을 보면서 '한낱 왕조시대(王朝時代)의 고완품(古玩品)을 애무하는 것 같은 취미' '오늘 자기 문학 생활에 관련성을 가진 것이라고는 생각되지 않았다.'는 표현을 하고 있다.『무서록』에서 '백제 정읍사' 가락에 무릎을 치면서 '거참 좋지 않으냐'라고 감탄을 했던 것과는 전혀 다른 모습으로 상고주의와 결별을 하고 있음을 보여 주고 있다.

10. 징용 위협을 벗어나지 못했던 이태준

소설 「해방전후」에는 이태준이 두려워했던 것이 '징용'이다. 징용은 일제 강점기에 중일 전쟁을 수행하는데 필요한 사람의 노동력과 물질적 지원을 동원하기 위해 '국가총동원법'(1938)을 시행한 것을 말한다. 이 제도에는 취업을 동반한 모집, 행정기관에서 알선하는 방식과 강제 징용 등이 있었다. 다시 말을 하자면 전쟁에 직접 참여하는 징병을 제외한 모든 제도를 통칭해서 부르는 것이라 할 수 있다. 이후의 인적 자원의 동원 중 병역에 복무시키는 징병을 제외한 나머지를 '징용'으로 총칭한다. 문제는 징용된 사람들이 일반 노동자들이 기피하는 홋카이도(北海道), 사할린(Sakhalin) 등의 오지에서 탄광 및 건설 현장과 공장 등에서 일을 했다. 심지어 남양군도(南洋群島) 등에 배치되어서 사망사고 및 산업 재해에 노출되었고 임금은 강제적으로 저축되었다. 따라서 징용이 된다는 것은 생명을 보장할 수 없는 상황으로 많은 조선인들이 기피를 하게 된다. 이런 점을 이용해서 일제는 지식인들을 압박해서 친일파로 끌어들이는 것으로 악용했다.

웬만한 일이건 과히 뻗대지 맙시다. 징용만 면헐 도리를 해요.

- 《문학》, 「해방전후」, 1947년

위의 글은 「해방전후」에 작가의 심정을 담은 글이다. 수단과 방법을 가리지 않고 징용을 면해야 한다는 이야기가 나온다. 이런 내용을 보면 일본이 우리 지식인들에게 올가미를 씌우는 도구로 징용이 사용됐다는 것을 알 수 있다. 당시 징용은 비인간적으로 운영되었는데 그런 사정을 「해방전후」에서는 다음과 같이 묘사하고 있다.

* 김 직원 조카 하나가 면서기로 다니는데 그의 매부, 즉 이분의 조카사위 되는 청년이 일본으로 징용 당해 가던 도중에 도망해서 안협으로 왔음
* 몸을 피해 처가에 온 것을 이곳 면장이 알고 처남더러 잡아 오라 함
* 이런 낌새를 알아차린 매부 청년은 산으로 도망감
* 잡아오지 못하면 처남이 대신 가야 한다는 협박을 받음
* 처남은 경방단의 응원을 얻어 산을 에워싸고 토끼 잡듯 붙들어다 주재소로 넘김

이렇게 형제자매, 친척을 넘어서 가혹하게 운영이 됐던 것이 징용제도였다. 일제 강점기 말에는 징용을 피하기 위해 일제에 협력하는 문화 예술인들이 많이 등장하기도 하였다. 「해방전후」에서 주인공 현이 징용에 면하기 위해 안면이 있는 공의가 있는 안협으로 낙향했다는 사실에서 당시 절박함을 느낄 수 있다.

11. 해방을 맞이하는 순간

이태준 소설「해방전후」는 일제 강점기에 쓴 작품이 아니다. 1945년 8월 15일 광복 이후에《문학》을 통해서 발표된 중편소설이다.《문학》은 조선문학가동맹 기관지로 1946년 7월 15일자로 창간되었다. 이후 1948년 7월 통권 8호까지 발행했으며 판권장에는 편집 겸 발행인 이태준(李泰俊), 인쇄인 오창근(吳昌根), 인쇄소 조선단식(單式)인쇄사이고 발행한 곳은 서울·남대문로 2가 23에 주소를 두고 있었던 조선문학가동맹이면서 총판매는 아문각(雅文閣)에서 했으며 A5판형으로 196페이지로 발간을 했다.《문학》창간사에는 그들의 이념이 담겨 있는데 소개해 보면 다음과 같다.

"오랜 질식(窒息) 가운데 간신히 갱생(更生)한 우리 민족 문학을 재건함에 있어 우리는 이 사업이 결코 용이하지 않다는 것을 새로이 느끼지 않을 수 없는 것이다.
　봉건(封建)제의 동양적 특수성인 정체(停滯)성은 우리나라에서도 거의 전형(典型)화하여서 우리는 근대적인 민족 문학을 늦도록 가지지 못하였다.
　그러나 일제(日帝)의 최후 발악으로 우리의 언어를 말살하고 소위 '국민문학'을 강요까지 하다가 제 자신의 패퇴(敗退)로 말미암아, 우리 민족해방과 더불어 민족 문학 수립의 과업이 우리에게 당면(當面)되었을 때, 우리는 민족 문학 건설 운동의 기본강령으로서 1) 봉건 잔재(殘滓)의 청산 1) 일제 잔재의 소탕 1) 국수(國粹)주의의 배격, 이 세 가지 항목을 들고 나섰다.

－《문학》,「창간사」, 1946년

　위의 내용 중에 조선문학가동맹이 추구하는 창간사에 맞추어 이태준 소설이 창작되었을 것이다. 이태준 입장에서는 민족문학 건설 강령 중에 '봉건 잔재(殘滓)의 청산' '국수(國粹)주의의 배격'이라는 항목에서 자신이 추구한 '상고주의'와 방향이 다른 것에 고민을 많이 했다는 생각을 하게 만든다. 이태준이 기다렸던 해방 상황이 중편 「해방전후」에 소개되고 있는 내용을 알아보면 다음과 같다.

　현은 라디오는커녕 신문도 이 주일이나 늦은 이곳에서라 이 역사적 〈팔월 십오일〉을 아무것도 모르는 채 지나 버리었고, 그 이튿날 아침에야 서울 친구의 다만 〈급히 상경하라〉는 전보로 비로소 제육감이 없지는 않았으나 그러나 여행증명도 얻을 겸 눈치를 보려 주재소에 갔으되, 순사도 부장도 아모런 이상이 없었을 뿐 아니라 가네무라 순사에게 넌지시 김 직원이 어찌 되어 나오지 못하느냐 물었더니,
「그런 고집불통 영감은 한참 그런 데서 땀 좀 내야죠」/한다.
「그럼 구금이 되셨단 말이오?」
「뭐 잘은 모릅니다. 괜히 소문내지 마슈」
하고 말을 끊는데, 모두가 변한 것이 조금도 없다.
－《문학》,「해방전후」, 1947년

　위의 글은 철원과 인접한 안협이라는 곳에서 광복 후에 벌어진 일을 묘사한 것이다. 우선 역사적인 1945년 8월15일을 아

무 것도 모르는 채 지났고 다음날 친구가 '급히 상경하라'는 전보를 받는다. 서울에 가기 위해서는 일본이 실시한 여행증명이 필요해서 주재소로 갔는데 순사도 부장도 아무 변화가 없었다, 그리고 한술 더 나아가 일본에 비협조적인 김 직원 영감의 고생을 해야 한다는 말을 전해 듣는다. 이런 상황을 종합해 보면 해방 다음날에도 안협에서는 광복이 된 사실을 모르고 있었다. 주재소에서는 순사와 부장이 정상적으로 근무를 하면서 조선 사람들을 통제하고 있는 것을 알 수 있다. 이상한 것은 1919년 3.1만세 운동이 철도를 타고 한수 이북에 가장 먼저 전해져서 항일 투쟁에 나섰던 것이 철원인 것과는 대비가 되는 일이라는 점이다. 이것은 해방 이후에도 어느 정도의 기간은 일제가 통치를 포기하지 않고 있었다는 점을 증명하고 있는 사례라는 판단이다. 더욱 기가 막힌 사태는 민중들이 해방 소식을 접하고 나타내는 다음과 같은 반응이다.

　버스 속엔 아는 사람도 하나 없다. 대부분이 국민복들인데 한 사람도 그럴듯한 기색은 보이지 않는다. 한 사십 리 나와 저쪽에서 들어오는 버스와 마주치게 되었다. 이쪽 운전수가 팔을 내밀어 저쪽 차를 가서 세운다.
「어떻게 된 거야?」「무에 어떻게 돼?」「철원은 신문이 왔겠지?」/「어제 방송대루지 뭐」「잡음 때문에 자세들 못 들었어. 그런데 무조건 정전이라지?」
　두 운전수의 문답이 이에 이를 때, 누구보다도 현은 좁은 틈에서 벌떡 일어섰다./「그게 무슨 소리들이오?」/「전쟁이 끝났답니다」/「뭐요? 전쟁이?」/「인젠 끝이 났어요」/「끝! 어떻게요?」/「글쎄 그걸 잘 몰라 묻습니다.」/하는데 저쪽 운전대에서/「결국 일본이 지구만 거죠. 철원 가면 신문을 보십시다.」/하고 차를 달려 버린다. 이쪽 차도 갑자기 굴르는 바람에 현은 털썩 주저앉았다./「옳구나! 올 것이 왔구나! 그 지리하던 것이……」

 현은 코허리가 찌르르해 눈을 섬벅거리며 좌우를 둘러보았다. 확실히 일본 사람은 아닌 얼굴들인데 하나같이 무심들 하다.

-《문학》,「해방전후」, 1947년

「해방전후」의 주인공 현은 친구 전보를 받고 서울로 향하는 버스를 탄다. 일본이 강요하는 국민복을 입은 조선 사람들이 있는데 자신이 탄 버스 운전수가 서울에서 내려오는 버스 운전수를 손짓으로 멈추게 하고 상황을 묻는다. 그들의 대화 속에서 '정전'이라는 말이 나오고 '전쟁이 끝났다'는 이야기를 듣는다. 조선이 광복되었다는 기다리던 이야기를 듣지만 같이 타고 있던 승객들은 분명 조선 사람인데 무심한 표정을 보인다. 주인공 현의 입장에서는 오매물망 기다리던 일이었는데 기뻐하지 않는 조선 동포를 보고 의아해 하지 않을 수 없다. 그래서 다음과 같이 다시 물어 본다.

「여러분은 운전수들의 대활 못 들었습니까?」/서로 두리번거릴 뿐, 한 사람도 응하지 않는다.

「일본이 지고 말았다면 우리 조선이 어떻게 될 걸 짐작을 허시겠지요.」/그제야 그것도 조선옷 입은 영감 한 분이/「어떻게든 되는 거야 어듸 가겠소? 어떤 세상이라고 똑똑히 모르는 걸 입을 놀리겠소?」/한다. 아까는 다소 흥미를 가지고 지껄이던 운전수까지/그렇지요. 정말인지 물어보기만도 무시무시헌 걸요」/하고, 그 피곤한 주름살, 그 움푹 들어간 눈으로 운전하는 표정뿐이다.
　현은 고개를 푹 수그렸다. 조선이 독립된다는 감격보다도 이 불행한 동포들의 얼빠진 꼴이 우선 울고 싶게 슬펐다./「이게 나 혼자 꿈이나 아닌가?」

-《문학》,「해방전후」, 1947년

　위의 글을 보면 조선 사람들이 확실하지 않은 사실에 입을 잘못 놀리면 큰 변을 당할 수 있다는 공포감에 빠져 있는 것을 알 수 있다. 일본 식민 치하가 얼마나 공포정치였는지를 증명하고 있는 대목이다.

12. 해방 후에도 바뀌지 않은 분위기

　중편「해방전후」에 등장하는 광복 소식은 버스 운전사 대화에게서 들었고 그런 소식에 사람들이 무덤덤하게 반응하는 것을 보고 주인공 현은 극히 실망한다. 그때의 느낌을 '조선이 독립된다는 감격보다도 이 불행한 동포들의 얼빠진 꼴이 우선 울고 싶게 슬펐다.'라고 표현할 정도였다. 그리고 나서 '이게 나 혼자 꿈이나 아닌가?'하는 절망감을 느낀다. 그런 비통한 마음은 철원에 도착하고 나서《경성일보》(1906.9~1945.10:총독부 기관지)를 직접 보면서 해방을 확인하였고 찾을만한 사람을 만나 기쁨의 악수를 하였고 소리 내어 울기도 했었다. 이런 마음을 현은 다음과 같이 표현하였다.

하늘은 맑아 박꽃 같은 구름송이, 땅에는 무럭무럭 자라는 곡식들, 우거진 녹음들, 어느 것이고 우러러 절하고 소리 지르고 날뛰고 싶었다.

-《문학》,「해방전후」, 1947년

이렇게 환희에 찬 주인공 현의 마음은 정인보(1893~1950) 선생이 작사한「광복절 노래」가사 '흙 다시 만져보자 바닷물도 춤을 춘다/기어이 보시려던 어른님 벗님 어찌하리'와 같았다. 모든 것에 절을 하고 또 마음껏 소리 지르고 광복의 기쁨을 온몸으로 표현하고 싶어 했다. 그런 희망을 가지고 17일 서울로 상경해서 청양리 정거장에 도착을 했는데 다음과 같은 황당한 상황에 직면하게 된다.

청량리 정거장을 나서니 웬일인가. 기대와는 달리 서울은 사람들도 냉정하고 태극기조차 보기 드물다. 시내에 들어서니 독오른 일본군인들이 일촉즉발(一觸卽發)의 예리한 무장으로 거리마다 목을 지키고《경성일보》가 의연히 태연자약한 논조다.

-《문학》,「해방전후」, 1947년

인용한 글을 보면 청량리를 지나면서부터 태극기를 보기 힘들 정도로 광복 열기가 높지 않다. 또 시내에는 해방이 됨으로써 무기를 버리고 투항해야할 일본군이 무장을 하고 독이 올라 있다고 표현하고 있다. 이것은 일본이 항복 이후에도 조선 반도를 사실상 지배를 하고 있는 풍경을 보여 주고 있다.

13. 해방 직전 동분서주했던 상황

　문학은 그 시대 상황을 반영하는 거울이다. 해방 직후 『문학』에 발표한 상허 이태준의 「해방전후」와 임화의 부인이던 지하련(리현욱, 경상남도, 1912년 7월 11일 ~ 1960년)의 「결별」이다. 이 작품에는 당시 사회상 일부를 엿볼 수 있지만 실제 그 안에 숨겨진 거대한 혼란을 배경으로 하고 있다. 36년이라는 한 세대가 넘는 일제의 지배에서 아무런 준비도 하지 않은 상태에서 덜컥 맞이한 광복은 잠재된 열망이 일시에 폭발하기에 충분한 여건이 됐다. 우선 기본 정체성을 확보하지 못한 조선은 풍랑 위에 돛단배처럼 갈피를 잡을 수 없었다. 이런 현상에 휘말린 것은 정치인뿐만 아니라 예술인에게도 혼돈의 시기였다. 그런 상황에 뿌리가 된 것은 조선건국준비위원회(朝鮮建國準備委員會)이다. 이 단체는 상허 이태준의 앞날을 지배했다. 순수문학에서 현실 참여로 변신을 하는 결정적인 역할을 했었다. 상허 이태준은 특정 단체를 구성하거나 주도하는 인물은 아니었다. 구인회만 보더라도 자연스러운 추대였고 《문장》의 주간도 자금을 대 주던 김연만의 후광이었다. 이런 성향은 해방 이후 조선문학가동맹(朝鮮文學家同盟)에서도 적극 주도하는 성향이 아니라 추대를 통해서 활동을 한다. 문학적 변신은 앞에서 이야기한 광복 이후 최초 정치단체인 조선건국준비위원회와는 불가분 관계로 창립과 활약에 대해서 알아보면 다음과 같다.

　* 1945년 8월 10일 조선 총독 아베 노부유키(阿部信行)는 자신들이 패망할 것으로 판단하고 일본인들의 생명과 재산을 보호해줄 조

건으로 정권을 넘겨줄 인물로 송진우를 선택하고 비밀에 접촉하였으나 거절당함.

* 좌익 계열의 여운형은 건국준비를 위한 민족의 대표기관과 정치세력 형성의 필요성을 파악하고 일본 총독 제안에 동조함으로써 협상이 이루어짐.

* 여운형에 의해 1944년 8월 10일 비밀리에 '건국동맹(建國同盟)'이 조직되었고 1945년 8월 15일 광복절날 조선건국준비위원회를 발족했으며 서울 풍문여자중학교에 사무실을 두었고 위원장에 여운형(呂運亨), 부위원장에 안재홍(安在鴻), 허헌(許憲) 등이 취임을 함.

* 8월 18일 제1차 위원회를 개최하여 5개 항을 제시, 9월 2일 ① 우리는 완전한 독립 국가의 건설을 기함 ② 기본요구를 실현할 수 있는 민주주의적 정권의 수립을 기함 ③ 우리는 일시적 과도기에 국내질서를 자주적으로 유지하며 대중 생활의 확보를 기함 이라는 3개 강령을 발표.

* 8월 26일 예하 단체인 전조선직역자치본부(全朝鮮職域自治本部)에서는 각 지역 종업원들에게 지역별 자치회의 조직을 통고, 또 각 지방에는 위원회가 조직됨.

* 이 조직은 전국적으로 일본 경찰조직을 밀어내고 치안대, 보안대 등의 이름으로 145곳에서 조직이 됨.

* 이 단체가 좌익진보세력으로 조직되자 부위원장 안재홍 등을 필두로 민족주의계 인사들이 이에 반발하여 탈퇴, 조선국민당을 창당함.

* 경기여자중학교에서 열린 회의에서 '조선인민공화국 임시조직법안'이 통과된 뒤 조선인민공화국 수립을 발표함.

* 위의 근거에 따라 조선건국준비위원회는 9월 7일 해체되고 9월 11일 조각을 단행하였는데 주석에 이승만, 부주석에 여운형, 총리에 허헌이 각각 추대, 임명되었다고 발표함.

* 처음부터 건준을 반대하고 임시정부의 귀국을 기다리던 김성수(金性洙)·송진우(宋鎭禹)·장덕수(張德秀) 등 우익 진영은 이들 조직을 벽상조각(壁上組閣)이라고 비난함.

* 시간이 흘러 해외 독립운동지도자들이 귀국하고 이승만이 주석 취임을 거절함.

* 미군정청에서 10월 10일 조선인민공화국 승인을 거절하는 포고를 발표, 조선인민공화국은 자연 해체됨.

위의 내용을 보면 해방 이후 정국은 주도권을 잡기 위한 갈등이 심했음을 알 수 있다. 놀라운 것은 일제는 패망을 예상하고 자신들을 보호하기 위한 정치 공작을 펼쳤다는 점이다. 송진우 같은 인물은 거절을 하였는데 이것은 광복 이후에 일본에 대한 처분은 우리가 주도적으로 해야 한다는 민족정신이 깔려 있었다는 점으로 분석된다. 이런 제안이 실패하자 조선총독 아베 노부유키가 좌익 계열 지도자인 여운형에게 접근을 한 것은 그만큼 급한 상황이었다는 점을 보여 준다. 결국 일본의 요구를 승낙함으로써 이후 벌어진 일제의 식민지 청산 작업에 얼마나 나쁜 영향을 미쳤는지 알 수 없다. 그래서 해방 이후 친일 청산이 어려운 상황에 빠진 것과 무관했는지 파악이 필요하다. 미군정청에 의해 조선건국준비위원회의 본래 목적은 무산됐지만 각 지역 145곳에 치안대, 보안대 등의 이름으로 설립된 예하 조직은 광복 이후 좌우 익 대결이라는 혼란의 단초를 제공했다는 것으로부터 자유롭지 못해 보인다.

14. 문학의 좌우 분열 시작

예술은 세상을 변화시키는 힘이 있다. 시대가 발전하면서 새로운 의식이 도출 되거나 복잡한 형태의 거대 담론을 받아내는 그릇이 되기도 한다. 특히 문학은 인간들 사이에서 벌어지는 갈등을 정확하게 표현하는 기능이 있어 특별한 대접을 받기도 한다. 문제는 이런 문학이 세상을 이끄는 힘이 있다는 착각에 작가들이 현장으로 뛰어드는 일이다. 외향적으로 세상 흐름을 주도할 것 같지만 영악한 정치인들의 나팔수나 깃발을 들고 앞장서는 도구로 전락하기 쉽다는 것이 현실이다. 작가는 순수하고 열정적이지만 정치인이나 사회 세력은 철저하게 계산적이고 자신의 이해타산으로 움직이는 것이 현실이다. 대표적인 사례가 광복 이후 조선 반도가 분열되는 것을 막기 위해 모두 신탁통치 반대에 진보나 보수나 의견이 일치되는 행동을 했었다. 그러나 상황에 따라 신탁통치를 찬성하는 행동으로 입장을 바꾸는 일이 벌어졌었다. 문제는 이런 상황의 변화가 순수한 열정으로 나섰던 문학인들에게 선택의 폭이 '피' '아' 둘 중에 하나였다는 것이다. 즉 동지 아니면 적이 되는 최악의 상황을 벗어나는 발을 뽑을 수 없는 비극으로 이어졌다. 상허 이태준도 처음에는 해방에 대한 열정으로 좌익 계열 문학단체에 참가하는 심리적 과정이 다음과 같이 설명되어 있다.

현은 서울 정황에 불쾌하였다. 총독부와 일본군대가 여전히 조선민족을 명령하고 앉았다는 것과 해외에서 임시정부가 오늘 아침에 들어왔다, 혹은 오늘 저녁에 들어온다, 하는 이때 그 새를 못 참아 건국(建國)에 독단적인 계획들을 발전시키며 있는 것과 문화면에 있어서도, 현 자신은 그의 꿈인가 생시인가도 구별되지 않는 이 현혹한 찰나에, 또 문화인들의 대부분이 아직 지방으로부터 모이기도 전에 무슨 이권이나처럼 재빨리 간판부터 내걸고 서두르는 것들이 도시 불순하고 경박해 보였던 것이다.

현이 더욱 걱정되는 것은 벌써부터 기치를 올리고 부서를 싸고 덤비는 축들이 전날 좌익작가들의 대부분임을 알게 될 때, 문단 그 사회보다도, 나라 전체에 좌익이 발호할 수 있는 때와 좌익이 제멋대로 발호하는 날은, 민족상쟁 자멸의 파탄을 일으키지 않을까 하는, 위험성이었다.

-《문학》,「해방전후」, 1947년

　위의 글을 보면 상허 이태준은 임시 정부 귀국을 하는 시간을 참지 못하는 건국(建國)이라는 움직임에 대한 반감을 갖고 있었다. 이런 생각은 '해방 기쁨에 정신 차리지 못하는 상황' '지방의 문화인이 모여서 단합되기 전'에 '중앙에서 재빨리 간판부터 내걸고 서두르는 것들이 도시 불순하고 경박해 보였던 것'이라고 표현하고 있다. 이런 사실을 들여다보면 이태준은 전국 문화인들이 다 모이는 진정한 통합 단체가 필요하다는 생각을 갖고 있었던 것으로 보인다. 더 문제는 해방 당시 정국을 주도하는 세력들이 좌익 작가들이 대부분이라는 점에 우려를 나타내고 있다. 좌익이 미리 자리를 차지하고 권력을 휘두르는 날에는 '민족상쟁 자멸의 파탄을 일으키지 않을까 하는, 위험성'이 있다는 점도 지적하고 있다. 이것은 상허 이태준이 해방정국을 바라보던 시각이다. 어느 세력이 일방적으로 해방 정국을 주도하기보다는 좌우가 균형을 갖추는 것이 한민족 미래를 위해 필요하다는 지론을 갖고 있었음을 알 수 있다. 이런 생각이 나중에는 바뀌지만 이렇게 전제한 것은 자신이 좌익문학 단체로 활동하는 것에 대한 정당성과 고뇌를 갖고 있었다는 점을 보여주고 있는 것이라 할 수 있다. 해방정국 이후 좌익 움직임에 의심의 눈초리를 보이던 것이 다음과 같은 이유로 변하게 된 것으로 설명하고 있다.

　이러고만 앉았을 때가 아니라 생각되어 그 조선문화건설 중앙협의회란 데를 찾아갔다. 전날 구인회(九人會) 시대, 문장(文章) 시대에

각별하게 지내던 친구도 몇 있었으나 아닌게 아니라 전날 좌익이었던 작가와 평론가가 중심이었다. 마침 기초된 선언문(宣言文)을 수정하면서들 있었다. 현은 마음속으로 든든히 그들을 경계하면서 그들이 초안한 선언문을 읽어보았다. 두 번 세 번 읽어 보았다. 그리고 그들의 표정과 행동에 혹시라도 위선적(僞善的)인 데나 없나 엿보기를 게을리 하지 않으며 저으기 속으로 이상하게 생각하지 않을 수 없었다.

〈이들에게 이만침 조선 사정에 절실한 정신적 준비가 있었든가?〉 〈장래 성립한 우리 정부의 문화, 예술정책이 서고, 그 기관이 탄생되어 이 모든 임무를 수행할 때까지 우선, 현계단의 문화영역의 통일적 연락과 각 부문의 질서화를 위하야〉였고 조선문화의 해방, 조선문화의 건설, 문화 전선의 통일, 이것이 전진 구호(前進口號)였던 것이다.

좌우를 막론하고 민족이 나아갈 노선에서 행동통일부터 원칙을 삼아야 할 것을 현은 무엇보다 긴급으로 생각한 것이요, 좌익 작가들이 이것을 교란할까 보아 걱정한 것이며 미리부터 일종의 증오를 품었던 것인데 사실인즉 알아볼수록 그것은 현 자신의 기우(杞憂)였었다.

현은 다행한 일이라 생각하고 즐겨 그 선언에 서명을 같이하였다.

-《문학》,「해방전후」, 1947년

위의 글은 상허 이태준이 좌익 계열 문학단체로 변신을 꾀하는 과정을 소개한 글이다. 좌익의 독단적 활동에 경계심을 품고 있던 그가 기초된 선언문(宣言文)을 보고 감탄을 하면서 조선문화의 해방, 조선문화의 건설, 문화 전선의 통일을 보고 동의하여 그동안의 의심을 푸는 것은 급조된 느낌이다. '좌우를 막론하고 민족이 나아갈 노선에서 행동 통일'을 보고 동참 서명을 한 것으로 묘사되고 있다. 어느 사회든지 계층에 따라 나갈 노선에 갈등이 생긴다는 원칙을 간과한 결과는 혹독했었는데 신중한 판단을 놓친 것은 상허 이태준에게는 불행의 시작이었다.

해방 전까지만 해도 조선 천재 작가로 평가받던 이태준이었다. 그의 바탕에는 민중들 아픔을 묘사하는 특출한 기법, 상고주의를 바탕으로는 하는 옛 정신 회복이라는 분명한 공감대가 있었다. 여기에다가 많은 작가들이 일제에 협력해서 친일의 달콤한 유혹에 빠져 있을 때 붓을 꺾고 낙향하는 작가로서 최소한의 양심을 보여 주었고 결과적으로는 정치적 중립이라는 입장을 갖고 있었다. 그러나 해방을 맞이하면서 이태준의 태도는 분명하지 않다. 더욱이 카프의 리더이던 임화(林和, 1908 ~ 1953)와 같이 활동을 한 것은 참으로 아이러니이다. 다른 것은 몰라도 이태준의 전부라고 할 수 있는 문학 본질이 뿌리째 흔들리는 일이었기 때문이다. 당시 이태준은 좌익 계열의 문학 본질에 대해서 무지했던 것 같다. 사회주의 문학(社會主義文學)의 기본 목적은 '프롤레타리아의 생활을 제재로 하여 그들의 사회·정치적 이념을 표현하는 문학'으로 예술성을 포기한다는 것을 간과한 것이 분명하다. 이런 상황을 잘 설명하는 것이 백석(白石, 1912년 7월 1일 ~ 1996년 1월 7일)이다. 해방 전과 북한 정권에서 발표한 그의 작품을 비교하면 금방 알 수 있다.

가난한 내가/아름다운 나타샤를 사랑해서/오늘밤은 푹푹 눈이 나
린다//나타샤를 사랑은 하고/눈은 푹푹 날리고/나는 혼자 쓸쓸히
앉아 소주燒酒를 마신다

― 「나와 나타샤와 흰 당나귀」, 1938년

"기린아,/아프리카의 기린아,//너는 키가 크기도 크구나/높다란
다락 같구나,/너는 목이 길기도 길구나/굵다란 장대 같구나.//네
목에 깃발을 달아보자/붉은 깃발을 달아보자,/하늘 공중 부는 바람
에/깃발이 펄럭이라고,/백리 밖 먼 데서도/깃발이 보이라고."

― 「기린」, 1957년

위의 두 작품을 같은 작가가 쓴 것이라 할 수 없을 정도이다. 첫 번째 것은 인간의 내면을 쓸쓸하게 감성적으로 표현하고 있다. 이에 반해 1957년 북한 정권에서 쓴 작품을 보면 '기린 목이 길어서 붉은 깃발을 달기에 좋다'는 식으로 표현하고 있다. 차마 백석이라는 이름을 붙이기도 민망한 수준이다. 사회주의는 작가의 상상력을 절대로 허용하지 않는다. 왜냐하면 값싼 감성적 표현으로 인민들 정서를 해치는 것을 허용하지 않기 때문이다. 즉 문학도 자신들의 체제 유지에 도구라는 분명한 한계를 갖고 있다. 이런 사실도 모르고 선택한 이태준에게 불행한 일들이 예정되어 있다는 것은 피할 수 없는 운명이었다. 그렇다면 이태준은 어떤 생각으로 좌익 단체에 나서게 되었는지 심리적 변화와 시대적 흐름을 「해방전후」를 통해서 알아보면 다음과 같다.

* 미국 군대가 들어와 일본 군대의 총부리는 좌익 단체에게서 물러섬
* 미군은 군정(軍政)을 포고함
* 정당(政黨)의 자유가 주어지자 하룻밤 사이에 오륙십의 정당이 창당됨
* 이승만 박사가 민족의 미칠 듯한 환호 속에 나타남
* 조선민족이기만 하면 우선 한데 뭉치고 보자는 주장이 대세
* 조선민족이라는 이름으로 민족반역자들과 모리배들이 활동

위의 내용을 보면 광복이 되었음에도 일본 경찰은 그대로 존속을 하고 있었는데 1945년 9월 8일 미국의 하지(Hodge, John) 중장이 미군을 이끌고 인천에 상륙하면서 주도권이 미군에게 넘어가게 된다. 문제는 남쪽에 진주한 미군이 한반도에 대한 지식이 다음과 같이 전무했다는 점이었다.

나는(도날드 S. 맥도날드 해병 중위, 전주한 미 대사관 정치 담당 1등 서기관) 미군이 진주한 직후인 10월 한국에 와서 전라남도 부지사일을 봤읍니다. 나뿐만이 아니라 우리 군정 요원의 대부분은 사실 한국에 관해서는 아무것도 몰랐어요. 우리는 처음 군정을 실시할 일본의 미 군정 요원으로 교육을 받았읍니다. 우리가 요꼬스까(横須賀市, 일본 가나가와현 남동부로 해상자위대와 미군 기지가 있는 군사적 중심지)에 도착하자 맥아더 사령관은 한국이 급하니 한국에 가라고 명령했어요. 우리는 한국이 어떤 나라인가 몰라 배 안에서 책을 뒤적였읍니다. 다행히 한 권의 책을 찾았는데 그 책 이름은 영국사람 테리가 1904년에 쓴 《일본제국》이란 책이었읍니다. 그 중 약 20페이지 정

도가 한국의 기후·지리 등에 관한 것이었지요. 그것이 우리의 한국에 관한 지식의 전부였읍니다. 지금 생각하면 죄송한 마음 금할 길이 없읍니다.

-《고려원》, 『남북의 대화』, 1987년

이렇게 우리 사정을 모르는 미군이 진주하고 자유주의 원칙에 의거해 조선 반도 내에 정당의 자유로운 설립이 허용된다. 그 결과 조선 반도에는 하룻밤에 오육십 개의 정당이 출현하는 일이 벌어져 혼란을 가중시킨다. 이후 미국에서 이승만 박사가 귀국을 하면서 민중들의 대대적인 환영을 받는 일이 생긴다. 그런 상황에서 조선 민족이라면 하나로 뭉쳐야 한다는 주장이 설득력을 얻게 된다. 그런 틈을 이용해서 친일파, 친일 모리배들이 활동을 시작하게 되는 상황을 설명하고 있다. 이것은 미군정의 '별도의 명령이 있을 때까지 일제 시대 공직자들을 원대 복귀를 명령한' 포고령이 더해져서 친일파들에게는 날개를 달아 주는 일이 벌어진다. 당시 반일 감정이 깊었던 작가들에게는 원하던 상황이 아니었기 때문에 상당한 갈등을 겪어야 했던 것을 「해방전후」에서 설명하고 있다.

더욱 문제가 된 것은 일제에 항거했던 대한민국 임시정부의 환국 과정이었다. 그동안의 업적을 생각할 때 대대적인 환영을 받아야 했지만 실상은 그러지 못했다. 그 이유는 미국이 임시정부를 승인하지 않았기 때문이었다.

＊ 해방된 지 석 달 만에 임시 정부 환국을 결정

* 미국은 임시정부를 인정하지 않아 개인 자격으로 귀국할 것을 통보
* 임시정부 내에서 찬반논란이 있었으나 결국 미국 요구 수용
* 미국이 취한 임시정부 귀국 지원 조치는 15인승 비행기 1대 뿐이었음
* 임시정부 요인들은 2진으로 나누어 귀국
* 주석과 부주석인 김구와 김규식(金奎植)을 비롯한 15명이 11월 23일 김포비행장에 도착
* 외무부장 조소앙과 임시의정원 의장 홍진(洪震) 등은 12월 1일 김포비행장이 아닌 전라도 군산비행장에 도착하여 다음날 서울로 올라옴
* 미군정이 임시정부의 환국을 알리지 않았던 탓에 환영인파조차 없었음

위의 과정을 보면 미군정이 남한의 지도자로 누구를 선택했는지를 단적으로 알 수 있게 만들고 있다. 상해 임시 정부는 미군정은 물론 좌우익 단체들의 관심권 밖에 있었다는 것을 여실히 증명하고 있다.

15. 분단으로 이어지는 갈등

해방 정국을 주도했던 이슈는 크게 두 가지였다.
첫 번째는 한반도가 둘로 나누어지는 상황이었다. 가장 국권 침탈이 심하게 일어났던 일제 시대에도 자유롭게 남북한을 오

고 갈 수는 있었다. 그러나 광복이 되면서 38선으로 분단된 것은 '한반도가 강대국의 전리품'이라는 것을 증명하고 있다. 그들의 필요에 의해서 일본의 식민지를 1/n한 것 이상도 아니었다. 이것은 강대국이 조선을 일본과 같은 편이라는 인식에 기인 한 것이다.

두 번째 문제는 한반도의 38선이 일시적이 아니라 신탁통치를 하겠다는 발표에 좌익과 우익이 경계가 되었고 강대국들의 지배에 날개를 달아 줬다는 점이다. 36년간 원하지 않던 일본 식민 지배를 받았던 나라에 다시 신탁통치를 하겠다는 발표에 의견이 둘로 갈라져 건널 수 없는 강을 건넜다. 이태준의 「해방전후」에는 반탁에 대한 작가들의 대응 인식이 아래와 같이 정확하게 표현되어 있다.

> 누구나 할 것 없이 그만 내정을 잃고 말았다. 여기저기서 탁치 반대의 아우성이 일어났다. 현도 몇 친구와 함께 반탁 강연에 나갔고 그의 강연 원고는 어느 신문에 게재도 되었다. 그러나 현은, 아니 현만이 아니라 적어도 그날 현과 함께 반탁 강연에 나갔던 친구들은 하나같이 어정정했고, 이내 후회하지 않을 수 없었다. 탁치 문제란 그렇게 간단히 규정할 것이 아님을 차츰 깨닫게 되었는데
> ─《문학》, 「해방전후」, 1947년

위의 내용은 처음 한반도 신탁통치안에 반대 운동에 나섰던 상황을 설명하는 부분이다. 이태준도 반탁 강연에 나섰고 신문에 소개됐지만 이내 후회를 한다. 탁치 문제가 간단하지 않다

는 것을 차츰 깨닫게 된 것으로 설명하고 있다. 구체적으로 무엇이 문제인지는 설명을 하지 못하고 '반탁 강연 나간 것이 어정쩡하다'는 식으로 얼버무리고 있다. 그러는 가운데 좌익은 찬탁으로 행동 변화를 다음과 같이 보이고 있다.

> 이것을 제일 먼저 지적한 것이 조선공산당으로, 그들의 치밀한 관찰과 정확한 정세판단에는 감사하나…정권 다툼으로 악용당하는 것은 불행 중 거듭 불행이었다.
> 「탁치문제에 우린 너무 경솔했소!」/「적지 않은 과오야!」/「과오? 그러나 지금 조선민족의 심리론 그리 큰 과오라곤 할 수 없지. 또 민족적 자존심만을 이만 침은 표현하는 것도 좋고……」/「그렇지! 조선 민족에게 단끼만 있고 정치적 통찰력이 부족하다는 게 드러나니 자존심인들 무슨 자존심이냐 말이지」/「과오 없이 어떻게 일하오? 레닌 같은 사람도 과오 없인 일 못 한다고 했고 과오가 전혀 없는 사람은 일 안하는 사람이라 한 거요. 우리 자신이 깨달은 이상 이 미묘한 국제노선을 가장 효과적이게 계몽에 힘 쓸 것뿐이오」
>
> -《문학》, 「해방전후」, 1947년

이태준의 중편 「해방전후」를 보면 한반도 신탁통치 반대 운동에서 찬성으로 돌아 선 것에 대해서는 다음과 같이 설명하고 있다. '국제적인 환경 반영과 해방이 된 조선이 스스로 국가를 세우기에는 능력이 부족하다'는 어정쩡한 논리를 내세우고 있다. 그리고 그런 중차대한 결정에는 '조선공산당의 치밀한 관찰과 정확한 정세판단'에 감사할 정도로 현명한 판단이 있었음을 점을 강조하고 있다. 그러면서도 이것이 '정권 다툼으로 악용당하는 것은 불행 중 거듭 불행'이라는 점을 「해방전후」에서 우려를 하고 있다. 그러나 이것은 반탁에 나서는 우익 성향 세력들에게는 좌익과 차별화될 수 있는 절호의 빌미를 제공했다. 반탁 강연을 나설 정도였던 좌익 계열들이 찬탁으로 돌아서고 숨고르기를 할 때 우익을 대표하는 세력들은 다음과 같이 적극 행동에 나선다.

> 이승만 박사가 민족의 미칠 듯한 환호 속에 나타나 무엇보다 조선 민족이기만 하면 우선 한데 뭉치고 보자는 주장에 그 속에 틈이 있음을 엿본 민족 반역자들과 모리배들이 나서 활동을 일으키어, 뭉치는 것은 박사의 진의와는 반대의 효과로 일제 시대 비행기회사 사장이 새로 된 것이라는 국민항공회사에도 나타나는 것 같은 일례로, 민심은 집중이 아니라 이심이요, 신념이기보다 회의(懷疑)의 편이 되고 말았다.
>
> -《문학》, 「해방전후」, 1947년

위의 글은 미국에서 귀국한 이승만 박사가 우익 대변자로 등장하는 모습을 묘사하고 있다. '뭉치면 살고 흩어지면 죽는다'라는 말이 유명했던 이승만 박사는 조선 민족은 한데 뭉쳐야 한다는 논리를 주장했었다. 문제는 이것이 민족 반역자 친일파, 모리배들에게 기회가 됐다. 더욱이 미군정에서 정당 설립 자유를 보장하는 바람에 친일파들은 자신들의 방패막이로 창당을 하는 빌미를 제공했다.

이런 정치 방향은 급기야 전북 고창의 갑부 신용욱(1901~1962

: 친일반역행위자)가 대한항공의 전신인 대한국민항공사(영어: Korea National Airlines)를 1946년 3월 1일 설립하게 된다. 초대 사장은 대표적인 친일파 윤치영(尹致暎, 1898년~1996년)이 취임하면서 민족 반역자들의 부활이 시작된다. 따라서 우익의 대변자였던 이승만은 친일파들의 도움을 받지 않으면 정치적 입지를 보장받을 수 없는 상황으로 빠졌다. 민중의 입장에서는 이승만 박사에게 걸었던 기대감에 미치지 않았고 친일파를 척결하지 못하고 오히려 협력하는 모습에 실망할 수밖에 없었고 중국 상해 임시정부에 기대를 걸 수밖에 없었다. 그러나 그들도 민심에는 크게 미치지 못하는 행동을 다음과 같이 보여줬다.

> 민중은 애초부터 자기 자신들의 모―든 권익을 내어 던지면서까지 사모하고 환성하던 임시정부라 이제야 비록 자격은 개인으로 들어왔더라도 그 후의 기대의 신망은 그리로 돌릴 길밖에 없었다. 그러나, 개인이나 단체나 습관이란 이처럼 숙명적인 것인가. 해외에서 다년간 민중을 가져 보지 못한 임시정부는 해내에 들어와서도, 화신 앞 같은 데서 석유 상자를 놓고 올라서 민중과 이야기할 필요는 조금도 느끼지 않고 있었다.
> 　　　　　　　　　　　　　　　　　　－《문학》,「해방전후」, 1947년

인용한 글을 보면 해방 전부터 사람들에게 큰 희망이 되었던 임시정부에 대해 불만적 시각을 보이고 있다. 우선 그들은 조직이라는 타성에 젖어 있었다는 것이 가장 큰 약점이었다. 정권을 잡기 위해서는 국민들과 호흡을 같이 해야 하는데 임시정부 시절에 그런 경험이 전무했다. 즉 사람들이 많이 다니는 화신백화

점에 석유 상자라도 놓고 민중들과 대화를 하려는 생각이 필요치 않다는 착각을 하고 있었다. 사람들은 그것을 원하는데 적극 나서지 않는 상황은 혼란만 가중시켰다. 특히 친일청산에 대해서는 적극적이지 않았다는 점이 문제였다. 이승만이나 김구 모두 해방정국을 수습하고 난 뒤에 천천히 친일 청산을 하자는 입장이었다. 그런 내용을 요약해 보면 다음과 같다.

박헌영 : 민족 반역자 친일파 제외를 역설
이승만 : 지금은 바쁜 때이니 그들을 처단할 수 없지 않나?
박헌영 : 우리도 지금 그들을 처단하자는 것은 아니다. 오직 독립 촉성 중앙협의회라는 성스런 기관에서 친일파만 제외하면 우리들은 얼마든지 이 선생과 손을 잡겠다.(1945년 10월 29일 돈암장, 박헌영과 이승만 회담)
  - 《고려원》, 『남북의 대화』, 조규하, 이강문, 강성재 공저, 1987년

기자 질문 : 지금 통일 전선 결성을 위하여 먼저 민족 반역자와 친일파를 제외하자는 목소리가 높은데 이에 대해서는?
김구 답변 : 나쁜 분자를 먼저 제외하고 뭉치는 것은 매우 훌륭한 방법일 것이나 뭉쳐 가지고 나쁜 분자를 골라내는 것도 한 방법이 아닐까 생각한다. 그러므로 우리는 현재 무엇보다도 시급한 통일부터 하는 것이 옳지 않을까 생각한다.(귀국한 김구가 1945년 12월 24일 오후 1시반 첫 기자회견)
  - 《고려원》, 『남북의 대화』, 조규하, 이강문, 강성재 공저, 1987년

인용한 글을 1971년 10월 4일부터 1972년 7월 22일까지 117

회에 걸쳐 《동아일보》에 「남북의 대화」라는 코너에 연재 된 내용을 단행본으로 출간한 책에 근거를 하고 있다. 참으로 놀라운 일은 당시 남한의 지도자들은 친일 청산 문제를 차후로 미루는 경향이 강했고 좌익 리더들은 청산을 강조하는 경향이었다. 시간이 흐르면서 남쪽 지도자들에게는 친일을 청산할 기회조차 갖지 못했고 친일파들이 다시 득세를 하는 세상으로 바뀐 것을 생각해 보면 역사적 오판을 한 것이라는 생각을 지울 수 없다.

16. 김 직원을 통한 상고주의와 이별

정치는 좌익 우익 대립이 격화되고 삼팔선(三八線)을 경계로 한 감시는 더욱 깊어 가는 것이 현실이었다. 당장 일자리, 먹을 것이 없는 사회는 강도와 절도가 늘어나고 서민 생활의 기본인 물가만 올라가는 혼탁한 현상만 반복됐다. 생활에 지친 민중들은 광복에 가졌던 희망을 잃어버리고 정치적 풍파에 휩쓸리는 사태가 벌어지는 것은 필연적 상황이었음을 「해방전후」에서는 설명하고 있다. 문제는 작품에서 '이승만 정권 = 친일파와 야합' '임시정부 = 민중과 이질감을 가진 무능력'을 지적하면서 '조선 반도 찬탁을 선택한 공산당의 현실감각'이 현명했다는 식으로 전개를 하고 있다는 것이다. 이렇게 하는 것이 여의치 않음을 인식한 이태준은 해방 전까지만 해도 정신적 동지였던 김 직원을 등장시키고 있다.

현서껀 회관에서 이런 이야기들을 하고 앉았을 때다. 이런 데는 어울리지 않는 웬 갓 쓴 노인이 들어선 것이다.

「오!」

현은 뛰어 마중 나갔다. 해방 이후, 현의 뜻 속에 있어 무시로 생각나던 김 직원의 상경이었다.

「직원님!」/「현선생!」/「근력 좋으셨읍니까?」/「좋아서 이렇게 서울 구경 왔소이다」

그러나 삼팔 이북에서라 보행과 화물자동차에 시달리어 그런지 몹시 피로하고 쇠약해 보였다.

「언제 오셨읍니까?」/「어제 왔지요」/「어디서 유허셨읍니까?」

「참, 오는 길에 철원 들러, 댁에서들 무고허신 것 뵈왔지요. 매우 오시구 싶어들 합디다」

현의 가족들은 그간 철원으로 나왔을 뿐, 아직 서울엔 돌아오지 못하고 있는 것이었다.

「잘들 있으면 그만이죠」

-《문학》,「해방전후」, 1947년

위의 내용에서 눈여겨봐야 할 부분은 안협에 있던 이태준의 가족에 대한 것이다. 이태준은 해방 초기에는 가족들을 성북동 수연산방으로 부르지 않고 안협에 살고 있도록 한 것이다. 가족들이 그곳에 살다 월북을 했는지 수연산방으로 돌아왔다 다시 북쪽으로 이동했는지 알 수는 없다.「해방전후」에서는 '주인공 현과 김 직원'의 대화를 통해 자신이 좌익 문학가 동맹에서 활동하게 된 심정을 설명하고 있다.

「현공, 그간 많이 변하셨다구요?」/「제가요?」
「소문이 매우 변허셨다구들」
「글쎄요……」

현은 약간 우울했다. 현은 벌써 이런 경험이 한두 번째 아니기 때문이다. 해방 이전에는 막역한 지기(知己)여서 일조유사(一條類似)한 때는 물을 것도 없이 동지일 것 같던 사람들이 해방 후, 특히 정치적 동향이 보수적인 것과 진보적인 것이 뚜렷이 갈리면서부터는, 말 한두 마디에 벌써 딴 사람처럼 서로 경원(敬遠)이 생기고 그것이 대뜸 우정에까지 거리감(距離感)을 자아내는 것을 이미 누차 맛보는 것이었다.

—《문학》,「해방전후」, 1947년

인용한 글을 보면 낙향했던 안협에서 마음을 털어놓을 수 있는 유일한 대상이었던 김 직원이 상경해서 주인공 현에게 변했다는 지적을 하고 있다. 이 말은 들은 현은 변했다는 이야기를 주변에서 많이 듣고 있으며 진보와 부수적 성향에 뚜렷하게 나뉘고 있다는 것을 이야기하고 있다. 또 일제 시기에는 동지 같던 사람들이 말 한두 마디에 거리감이 만들어지고 있는 현실을 안타까워하고 있다. 이것은 한반도가 미국 소련으로 진주하고 여기에 따라 우익 좌익이 대립을 하면서 반탁 찬탁으로 나누어진 결과이다. 만약 좌익 우익 모두가 조선 반도 신탁통치 반대 운동에 나섰다면 민족 분열과 대립이 지금처럼 극렬하게 변하지 않았을 것으로 보인다.

「그런데 어쩌자구 우리 현공은 공산당으로 가셨소?」/「직원님께서도 절 그렇게 생각하십니까?」// 「현공이 자진해 변했을른진 몰라, 그래두 남한테 넘어갈 양반 아닌 건 난 알지요」
「감사합니다. 또 변했단 것도 그렇습니다. 지금 내가 변했느니, 안 변했느니 하리만치 해방 전에 내가 제법 무슨 뚜렷한 태도를 가졌던 것도 아니구요. 원인은 해방 전엔 내 친구가 대부분이 소극적인 처세가들인 때문입니다. 나는 해방 후에도 의연히 처세만 하고 일하지 않는 덴 반댑니다」

-《문학》, 「해방전후」, 1947년

이태준은 일제 강점기에 뚜렷한 사상을 가지고 있지 않았고 대부분의 친구들이 소극적인 처세가들이었을뿐 그가 변한 것은 아니다. 다만 해방이 된 다음에는 적극적으로 일을 해야 하는 것이 필요하다는 생각을 드러내고 있는데 순수문학에서 벗어나 행동하는 문학인이 될 것이라는 분명한 변신을 선언하고 있는 것이 눈길을 끈다.

17. 광해군을 선택한 이태준

중편 「해방전후」에는 이태준이 해방 정국을 보는 시각이 담겨져 있다. 많은 평론가들이 이태준의 좌익 계열 활동에 대해 파격적이라 하면서 그런 행동을 하게 되는 심리적 분석에는 소홀히 하고 있다. 이태준은 해방 이후 벌어지는 좌우익의 대립에 방관적 태도를 견지하는 작가들에게 비판적인 성향을 보인다. 소극적인 문인들에게는 냉소적 시각을 보이면서 자신이 선택한 좌익이 최선이라는 소신을 갖고 있었다는 것이 「해방전후」에 등장한다. 광복을 맞이한 지 얼마 되지 않은 기간에 좌익 경향을 맹신하게 된 원인이 무엇인지 모르지만 정치적 중립을 지키던 순수문학의 리더와는 어울리지 않는 파격이라 할 수 있다. 이태준은 자신이 어떤 기준으로 선택하게 됐는지 알아보면 다음과 같다.

「해방 후라고 사람의 도리야 어디 가겠소? 군자는 불처혐의간(不處嫌疑間: 군자는 미연에 방지해 혐의 받을 처신을 하지 않아야 한다는 뜻)입니다」
「전 그렇진 않습니다. 지금 이 시대에선 이하(李下)에서라고 빗뚜러진 관(冠)을 바로잡지 못하는 것은 현명이기보단 어리석음입니다. 처세주의는 저 하나만 생각하는 태돕니다. 혐의는커녕 위험이라도 무릅쓰고 일해야 될 민족의 가장 긴박한 시기라고 생각합니다.」

-《문학》, 「해방전후」, 1947년

인용한 첫 문장은 김 직원이라는 사람이 해방 이후에도 사람은 안 변한다고 이야기를 하면서 군자는 의심받을 만한 곳에 처신하지 않는다는 당나라 말기 시인 섭이중(837년 추정 ~ 884년 추정)이 지은 '군자행(君子行)'이라는 시를 인용하고 있다. 이 시는 현대에도 많이 쓰는 '과전불납리(瓜田不納履) 이하부정관(李下不整冠)'으로 풀이를 하면 오이밭에서는 신발을 고쳐 신지 말고, 오얏나무 아래에서는 갓을 고쳐 쓰지 말라는 뜻이다. 이렇게 오해받을 만한 행동은 하지 말라는 간곡한 부탁이라고 할 수 있다. 이런 충고에 이태준은 '처세주의는 혼자만 생각하는 태도로 해방 정국에서는 잘못을 바로잡지 못하는 것이 어리석음'이라고 생각을 하고 있다. 더 나아가 위험을 감수하고서라도 적극적인 일을 해야 한다는 결심을 말하고 있다. 이 두 사람은 당시 논란의 중심이 되었던 상해 임시 정부 정통성에 대해서도 의견이 크게 갈리고 있다.

김 직원은 해방 이후 정국은 상해 임시 정부에게 맡겨야 한다는 입장을 취하고 있다. 이것은 임시 정부 혈통을 계승한다는 차원에서 필요하다는 판단으로 보인다. 그래서 아래와 같은 이야기를 하고 있다.

> 「아모튼 사람이란 명분(名分)을 지켜야 합니다. 우리가 무슨 공뢰 있소. 해외에서 일생을 우리 민족 위해 혈투해 온 그분들께 그냥 순종해 틀릴 게 조금도 없읍네다」
>
> ―《문학》,「해방전후」, 1947년

해외에서 우리 민족을 위해 일생을 바친 상해 임시정부에 해방 정국이 순종을 한다면 지금의 혼란을 수습할 수 있다는 취지에서 이야기를 한 것으로 판단된다. 이런 의견에 대해 「해방전후」의 주인공 현은 각종 대외, 대내 정세가 순탄치 않아서 '명분'을 따져서 신중하게 결정되어야 한다는 입장을 취하고 있다. 이것은 임시정부에게 정국 주도권이 넘어갈 경우 좌익 계열이 설 자리를 잃어버린다는 것을 현실적으로 반영한 것이라 할 수 있다. 그 명분을 조선 시대 광해군(光海君,1575~1641,조선의 제15대 왕, 재위 1608~1623)의 외교 정책에 두고 있다는 것이 아래와 같이 나타나고 있다.

「직원님 의향 잘 알겠읍니다. 그리고 저도 그분들께 감사하고 감격하는 건 누구헌테 지지 않습니다. 그러나 지금 조선 형편은 대외, 대내가 다 그렇게 단순치가 않답니다. 명분을 말씀허시니 말이지, 광해조(光海朝) 때 일을 생각해 보십시오 임진란(壬辰亂) 때 명(明)의 구원을 받았지만, 명이 청 태조(淸太祖)에게 시달리게 될 때, 이번엔 명이 조선에 구원군을 요구허지 않았습니까?」

-《문학》,「해방전후」, 1947년

위의 글을 보면 상해 임시정부 요인들 노고에 감사하고 감격을 하고 있다는 것으로 생색을 내고 있다. 그럼에도 해방 이후 상황은 간단하지 않아서 대승적인 명분이 필요하다는 논리를 내세우고 있다. 주인공 현이 사례를 든 것이 임진왜란 때 조선을 도운 명나라가 청나라의 침략을 받았을 때 구원군을 요구한 것이었다. 그때 조선에는 다음과 같이 두 개의 파벌이 대립했다는 것을 소개하고 있다.

① 명분파 - 임진란 직후라 조선은 명을 도와 참전할 실력은 전혀 없는데 신하들은 대의 명분상, 조선이 명과 함께 망해 버리는 한이라도 그냥 있을 순 없다는 주장
② 택민파 - 나라는 망하고, 임금 노릇은 그만두더라도 여태껏 왜적에게 시달린 백성을 숨도 돌릴 새 없이 되짚어 도탄에 빠뜨릴 순 없다는 주장

「택민론의 주창으로 몸소 폐위(廢位)까지 한 것이 광해군(光海君) 아닙니까? 나라들과 임금들 노름에 불쌍한 백성들만 시달려선 안 된다고 자기가 왕위를 폐리같이 버리면서까지 택민론을 주장한 광해군이, 나는, 백성들은 어찌 됐든지 지배자들의 명분만 찾던 그 신하들보다 몇 배 훌륭했고, 정말 옳은 지도자였다고 생각합니다. 그리고 또 의리와 명분이라 하드라도 꼭 해외에서 온 이들에게만 편향하는 이유는 어디 있습니까?」

-《문학》,「해방전후」, 1947년

위의 내용을 보면 인조반정으로 쫓겨난 광해군을 두둔하고 있다.

이태준의 중편「해방전후」에서 주인공 현이 순수 예술을 버리고 사회 참여 성격이 짙은 좌익 계열 예술 단체에서 활약을 한 것에 상당한 결단과 자긍심이 높았다. 다른 작가들이 침묵하는 것을 보고 비난했으며 자신의 행동이 인조반정으로 물러난 광해군의 실리 외교와 같은 큰 결단이라는 소신을 갖고 있었다. 임진왜란 때 도와준 명나라와 신흥 세력 청나라 사이에서 중립 외교를 택하면서 백성들을 안위를 보장했었다는 것이 명분이었다.

이것은 상허 이태준이 이제까지의 작품에서 보여줬던 상고주의와 반대되는 것이며 자기부정의 오류를 간과하거나 애써 무시하려는 것으로서 그 선택은 결과적으로 광해군과 같은 비극의 종말이었다.

18. 상해 임시 정부와의 이질감

　중편 「해방전후」에 등장하는 내용 중에 광복 이후 한반도 역사 변곡점이 있다. 해방정국의 혼란을 극복하면서 외세에 대항할 수 있는 힘을 모을 수 있는 단체를 소홀히 했었다는 점이다. 일제 강점기에 우리 민족의 정신적 지주는 상해 임시정부였다. 이 단체는 3.1만세 운동이 벌어진 후 통합적인 독립 단체가 필요함을 인식하고 1919년 4월 13일에 중국 상하이에서 독립운동가들이 세운 임시 정부였다. 1945년 귀국할 때까지 일제와 맞서 싸우며 우리나라를 대표했었다. 상해 임시 정부에서 한 주요 업적을 요약해 보면 다음과 같다.

① '대한민국 임시 정부'의 이름이 담긴 직인 사용이다. 이것은 국호가 '대한 제국'에서 '대한민국'으로 바뀐 것은 우리 역사상 최초로 국민이 주인인 민주주의 체제가 시작됐음을 뜻하고 있다.
② 대한민국 임시 정부 수립에 참여한 김구는 1928년에는 한국 독립당을 만든 뒤 이봉창과 윤봉길의 의거를 지휘하기도 했다.
③ 임시 정부는 독립을 위해서는 군사력이 필요하다고 판단 군사 학교를 세우고 군사들을 훈련시키는 한편, 독립군의 활동을 지원했다.

　이런 활동을 통합적으로 지휘하면서 식민지 대한민국을 대표하는 기관으로 자리매김했다. 상식적으로는 광복이 되었다면 이들이 조선의 통치를 이어받아야 했었다. 그러나 미군정은 임시정부에 호의적이지 않았다. 특히 1945년 9월 7일 미군은 맥아더 포고령을 발표함으로써 미군정 외에는 여하한 정권도 인

정치 않아서 대한민국 임시정부의 정통성도 무시 되었다.

　미군정은 이런 생각을 갖고 있었고 소련의 영향권에 있던 좌익은 어떤 관점이었는지 「해방전후」에 자세하게 나와 있다. 그런 내용을 소개해 보면 다음과 같다.

　「거야 멀리 해외에서 다년간 조국광복을 위해 싸웠고 이십 칠팔 년이나 지켜 온 고절(孤節)이 있지 않소?」
　「저는 그분들의 품상을 굳이 헐하게 알리는 것도 결코 아닙니다. 지역은 해외든, 해내든, 진심으로 우리를 위해 꾸준히 싸워 온 이면 모두가 다 같이 우리 민족의 공경을 받아 옳을 것이고, 풍상이라 혈투라 하나 제 생각엔 실상 악형에 피가 흐르고, 추위에 손발이 얼어 빠지고 한 것은 오히려 해내 에서 유치장으로 감방으로 끌려다니며 싸워온 분들이 몇 배 더 했으리라고는 생각합니다. 육체적 고초뿐이 아니었읍니다. 정신적으로 매수하는 가지가지 유인과 협박도 한 두 번이 아니어서, 해내에서 열 번을 찍히어도 넘어가지 않고 싸워낸 투사라면 나는 그런 어른이 제일 용하다고 생각합니다.」
-《문학》, 「해방전후」, 1947년

　위의 내용을 보면 좌익 계열이 갖고 있었던 생각이 상해 임시정부를 억지로라도 평가절하 하겠다는 발상이었다. 상해 임시정부를 '한인 그룹들(Korean groups)'이라는 능욕에 가까운 생각을 품었던 미군정에 비해 '그분들의 품상을 굳이 헐하게 알리는 것도 결코 아닙니다.'라는 생각을 갖고 있었지만 그들보다 더 적극적으로 투쟁을 한 사람들이 더 대접을 받아야 한다는 논리를 펴고 있다.

19. 신탁통치에 대한 이해타산 충돌

해방 정국에서 가장 큰 이슈는 '신탁통치'였다. 일제 강점기에서 벗어나 해방을 맞았을 때 주권을 회복하고 봉건주의를 타파하고 새로운 나라를 세우고자 했던 것이 우리 민족이었다. 문제는 민족이 추구하는 사상이 통합된 것이 아니라 '자본주의' '공산주의'로 나뉘었다는 점이었다. 이것보다 더 심각했던 것은 자기가 추구하는 사상이 지배하는 나라가 되어야 한다는 패거리 의식이었다. 우리 편이 아니면 적이라는 타협을 할 줄 모르는 진영논리가 해방 정국을 지배하고 있었다. 이런 분위기를 반영하듯 소설「해방전후」에는 찬탁 문제에 대해 다시 한번 등장하고 있다.

「어째 당신넨 탁치 받기를 즐기시오?」
「즐기는 게 아닙니다」
「그러면 즐겁지 않은 것도 임정(臨政)에서 반탁을 하니 임정에서 허는 건 덮어놓고 반대하기 위해서 나중엔 탁치까지를 지지한단 말이지요?」
「직원님께서도 상당히 과격하십니다 그려」
「아니, 다 산 목숨이 그러면 삼국외상헌테 매수해서 탁치지지에 잠자코 물러가야 옳소?」
「건 좀 과하신 말씀이구! 저는 그럼, 장래가 많아서 무엇에 팔려서 삼상회담을 지지허는 걸로 보십니까?」

-《문학》,「해방전후」, 1947년

위의 내용을 보면 보수주의 성향을 가진 김 직원의 안타까운 마음이 잘 드러나고 있다. 좌익문학단체 회원으로 변신한 주인공 현에게 우선 탁치를 즐기고 있다는 반발을 한다. 이에 찬탁론자인 현은 즐기는 것이 아니라는 의견을 보이고 있다. 또 김 직원은 '상해 임시정부=반탁'을 해서 '반대하기 위해 찬탁'을 하고 있다는 지적을 한다. 이때 주인공 현은 마땅한 답이 없자 과격하게 논리 해석을 확대하고 있다는 군색한 말로 빠져 나간다. 이런 답변에 못 마땅한 김직원은 살을 만큼 산 자신이 삼상회의 신탁통치 결정에 잠자코 수긍해야 하느냐고 반발하고 있다. 이에 주인공은 과한 말이라고 에둘러 피하면서 자신의 신탁을 찬성하는 이유를 다음과 같이 설명하고 있다.

* 해방을 우리 힘으로 이루지 못해서 조선 독립은 국제성 지배를 벗어날 수 없다.
* 삼상회담의 지지는 탁치 자청이나 만족이 아니라 임시방편이다
* 조선의 독립과 중립성이 공개적으로 보장되어야 한다
* 독립을 주어 놓고 소련은 소련대로 미국은 미국대로 중국은 중국대로 정치 경제 모두가 미약한 조선에 지하 외교를 시작하는 날은, 다시 이조말(李朝末)의 아관파천(俄館播遷)식의 골육상쟁과 멸망의 길밖에 없다
* 모처럼 얻은 자유를 완전 독립에까지 국제적으로 보장되는 길을 택할 수밖에 없다

* 지금 조선을 남북으로 갈라 진주해 있는 미국과 소련은 무엇으로 보나 세계에서 가장 실제적인 국가들인만치 조선 민족은 비실제적인 환상이나 감상(感傷)으로가 아니라 가장 과학적이요, 세계사적(世界史的)인 확실한 견해와 준비가 없이는 그들에게 적정한 응수(應酬)를 할 수 없다
* 이런 주장에 김 직원은 공산주의의 농간이라 자가류(自家流)의 해석을 고집할 뿐이었다.

위의 주장을 정리해 보면 '해방을 우리 힘으로 이루지 못한 현실을 인정하고 국제적 정세를 종합적으로 판단' 해야 한다는 것이 주요 골자이다. 이런 관점은 무작정 조선 반도 통일보다 더 현실적이라는 것에 주목할 필요가 있다.

20. 나가는 말

소설「해방전후」에는 부제가 붙어 있다. '한 작가의 수기'라는 부제인데 그것은 이태준이 주인공이라는 이야기이다. 따라서 소설 주인공 '현=이태준'이 된다. 부제에서 이야기한 것처럼 이태준이 붓을 꺾고 낙향해서 겪었던 이야기와 해방을 맞이하면서 순수 작가이던 자신이 좌익 문인으로 변신하는 과정을 그리고 있다. 상고주의 전통을 고집하던 김 직원과 대화를 통해서 자신의 변신을 설명하고 있다.「해방전후」를 읽으면서 김 직원은 실제 인물보다는 해방되기 전에 이태준의 자화상을 그려낸 것이라는 심증이 든다. 즉 과거 일제 강점기 상고주의 신념에

차 있었던 작가와 해방 정국을 맞아 새로운 변화를 도모하려는 현실참여 작가 이태준의 자아가 서로 갈등을 빚고 있는 상황을 그리고 있다. 이미 사상적 변신을 꾀한 이태준이 과거의 소신을 버리면서 대화를 통해서 자신의 결정이 옳다는 점을 강조하기 위해서 쓴 작품이다. 이 작품에 등장하는 상황들 중에서 일제 강점기에는 용납될 수 없는 부분들은 해방 이후 창작했기 때문으로 보여진다. 그러는 과정에서 그동안 이태준이 추구했던 소설 작법에서는 등장하지 않던 국제관계나 시대적 상황 이데올로기 등은 이태준의 순수문학에 환호를 보냈던 독자들에게는 당혹감을 느끼게 만들고 있다. 따라서 이 소설「해방전후」는 '순수문학'에서 '참여문학'으로 바뀌는 가교 역할을 한 것으로 판단된다. 결국 중편「해방전후」가 조선문학가동맹이 제정한 제1회 해방기념 조선문학상을 수상 하지만 영광보다는 순수문학 이태준이 좌익 문학 작가로 공인받은 인증서 정도로 품격과는 거리가 멀어 보인다.

  또한 이태준 입장에서는 수많은 독자들의 사랑을 받았던 조선 제일의 작가라는 정상에서 내려와야 하는 비참한 몰락의 출발이라는 점에서 안타까운 일이다.

Ⅲ 소설 변화의 전환점이 된 「토끼 이야기」

1. 시작하는 말
2. 실직 후 나타난 생활고 문제
3. 「토끼 이야기」가 보여 주는 당시 상황
4. 새 사조 가교를 놓는 작품을 쓰려했던 이태준
5. 이상은 깨지고 각박한 현실에 눈을 뜨다
6. 「토끼 이야기」에 담긴 메시지
7. 나가는 말

Ⅲ 소설 변화의 전환점이 된 「토끼 이야기」

1. 시작하는 말

인간에게는 자기만의 지문이 있듯이 작가에게도 독창적인 표현 양식이 있다. 상허 이태준 소설 양식은 인물을 그림 그리듯 묘사를 해서 성격을 살리는 것이다. 『무서록』에서 설명한 소설 작법 이론에서 '세상없는 작가도 작품 속에 주인공 성격이 정해지면 따라갈 수밖에 없다'라는 주장을 펼친 것만 봐도 알 수 있다. 그런 연유로 「달밤」에서는 주인공 황수건을 등장시켜 독자들로부터 연민의 정을 느끼게 하는 정감을 이끌어낼 수 있었다. 독창적인 묘사는 식민지 시대를 대표하는 작가로 성장시켰고 조선을 대표하는 작가로 인정받았었다. 인물과 성격 묘사를 통해 단단한 작품 세계를 구축할 것 같았던 이태준 소설가가 마치 '알을 깨고 병아리가 태어나듯' 새로운 변화를 도모했는데 바로 그 작품이 「토끼 이야기」이다. 파격적이라고 할 수 있는 변화의 원인은 여러 가지가 있지만 가장 핵심은 식민지 정책이 변한 것이다. 그동안은 신문소설을 쓰면서 경제적으로 여유 있게 살았다. 그러나 신문들이 폐간 되고 잡지들도 식민지 정책에 맞춰 통폐합을 하면서 작품 활동을 할 수 있는 자리를 잃게 되었다. 수십 년간 신문사에 근무를 하면서 글을 썼고 김활란(金活蘭, 1899.2.27.일~1970.2.10) 박사의 도움으로 이화여전 교수로 재직했을 때는 문예창작을 가르쳤었고 《문장》(文章, 1939.2~1941.4) 주간으로 있을 때도 신문소설을 창작했었다. 이렇게 평생 글을 쓰던 이태준에게 작품을 발표할 곳이 없다는 것은 새로운 방향 모색이 필요했다. 이런 시대적 변화에 몸부림치는 모습을 그린 것이 1941년 1월 《문장》에 발표한 「토끼 이야기」이다. 이태준에게는 결코 성공작이라고는 할 수 없지만 문학적 변화를 파악하는 좋은 작품이라 분석을 해보고자 한다.

2. 실직 후 나타난 생활고 문제

「토끼 이야기」시작 부분에는 그동안 글을 쓰느라 잊고 살았던 생활고 문제가 현실적으로 닥치고 있음을 보여주고 있다. 작가에게는 글을 못 쓴다는 것은 상상 이상의 박탈감에 느끼게 된다. 그것을 이겨내기 위해 또는 현실을 도피하고 싶은 마음에 음주를 하는 것에 대해서 아내의 현실적 타박이 벌어지고 있음을 묘사하고 있다.

"술 먹구 잊어버릴 정도윗거면 애당초에... 우리 여자들 눈엔 조선 남자들 그런 꼴처럼 메스껍고 불안스런건 없읍듸다. 술로 심평이 피우? 또 작게 봐 제 가정으루두 어듸 당신들 사내 하나 뿐이유? 처자식 수두룩허니 두구, 직업도 인전 없구, 신문 소설 쓸데두 인전 없구... 왜 정신 바짝 차리지 않고 그류?"
− 《서음출판사》, 「토끼 이야기」, 2005년

이런 불만을 하는 이유는 당장 일자리가 없을 뿐 더러 자식들을 키워야 하는 시기에 실직이 된 것은 극히 불안한 상태가 된다. 그럼에도 「토끼 이야기」의 주인공 현은 반발심으로 그날도 술을 먹었고 이튿날에도 술을 먹고 들어 왔다. 그렇다고 해서 문제가 해결될 수 있는 상황이 아니라서 다음과 같은 생각을 하게 된다.

저 혼자 취한다고 세상이 따라 취하는 것도 아니요 저 혼자나마 언제까지나 취할 수도 없는 것이다.
− 《서음출판사》, 「토끼 이야기」, 2005년

위의 내용을 보면 그동안 인지도 높은 작가로 편안하게 글을 써서 생활이 되었지만 이제는 그렇게 될 수는 없는 좌절감에 술을 마시지만 세상은 확성기를 통해서 '명랑하라, 건실하라'라고 외칠 정도의 전환기에 와 있는 시기에 직면하고 있다. 이것은 일제가 파시즘으로 변화를 하는 있어서 예술의 성채(城砦)에 쌓여 생활하던 상허 이태준의 계몽적 성격의 문학이 더 이상 버티지 못하고 내적인 갈등을 통해서 사회로 눈길을 돌리게 된다. 그런 사고의 변화를 보여 주고 있는 것이 상허 이태준이 1942년 1월 22일 《매일신보》 조간 4면 1단에 투고된 기사에서 알 수가 있다.

제목: 전시 생활 이대로 조흘까
- 점심 때면 반듯이 백화점 식당을 찾는 유한부인 네들 시국을 깨달고 가정을 지키자
- 생활에서 영미양풍을 쫓아내자

　점심 때면 반드시 백화점 식당으로 가서 점심을 사 먹는 그릇된 취지를 가진 부인네가 서울에 상당히 많습니다… 가정을 가지고 남편을 가지고 어린애가 있는 부인네가 가정을 내버리고 삼삼오오 떼를 지어서 백화점 식당을 찾아 점심을 사 먹는다는 것은 아무리 그들의 야릇한 취미를 존중하고 시퍼도 용서할 수 없는 경향입니다. 유한마담이라는 것이 별것이 아니지요. 아무 일 없이 '가이오모(쇼핑)'을 한다고 집을 나와서 오전부터 길거리를 싸다니고 점심때면 백화점 식당에서 점심을 사 먹고 오후엔 오후대로 긱다점(다방) 같은 데로 몰려다니는 패들은 그들이 생활이 타락한 증거라고 밖에 볼 수가 없습니다. 이 시국에서 유한이 불가한 것은 그들도 알고 있을 것입니다. 다만 그들은 지금까지 그런 구체제의 유한생활에 물이 들어서 좀처럼 그것을 벗어나기 어려운 모양이올시다. 그러나 그들에게야 말로 오늘의 절박한 시국을 찬찬히 타이르고 있습니다.

―《매일신보》, 1942년

　이글을 보면 어려운 시국에 백화점에서 점심을 사 먹는 부인들을 질타하고 있다. 그런데 문제는 개인의 식생활을 간섭을 하는 것은 그동안 이태준이 추구했던 개인적 자유의 보장이라는 작품 세계와는 다른 방향을 보이고 있다. 전시체제에 들어선 일본이 추구했던 총력전에 부응하기 위한 취지로 보여진다.

이런 주장을 할 수밖에 없었던 이유가 일본 총독부 기관지 성격을 가진 《매일신보》라는 특수성 때문으로 판단된다. 그리고 이 기사에서 '지금 우리나라는 대동아 전쟁의 한가운데서 황군이 싸우고 있다'는 내용이 이어지고 있다. 이렇게 글에 대한 관념이 변화를 보이는 것은 앞에서 지적한 것과 같이 계몽적 주제에서 현실 참여로 방향을 전환하는 과정이고 '토끼'는 생활을 구체화 시키는 관념의 집합체라는 판단이다. 결국 자신의 모든 것이라고 할 수 있는 '퇴직금'을 밑천으로 토끼를 키우는 일에 나서게 된다.

　　뉘네 집에서는 단 두 마리를 사온 것이 일년이 못돼 오십평 마당에 어떻게 주체할 수 없도록 퍼지었고...
　　　　　　　　　　　　　－《서음출판사》, 「토끼 이야기」, 2005년

인용된 글처럼 부업을 통해 큰돈을 벌 수 있다는 내용의 글들이 잡지에 많이 게재되었는데 이것은 일본이 자신들의 필요에 의해서 홍보하는 기사가 많았다. 일본이 이렇게 나올 수밖에 없는 이유에 대해서 이태준은 자신의 신문소설 「별은 창마다」에서 구체적으로 전개하고 있다.

3. 「토끼 이야기」가 보여 주는 당시 상황

상허 이태준 선생의 문학에서 가장 변곡점이 되는 작품이 「토끼 이야기」이다. 이것은 계몽 작품으로 자기 안에 머물러 있었던 문학 시각이 외부 세계로 바뀌고 있다. 이후 등장을 하는 소설이 「농군」이라는 점을 생각하면 '개인에서 사회로 작품의 안목을 바꾸고 있는 과정'이라는 판단이다. 이것은 신체제 등장 이후 어쩔 수 없이 시국에 부흥해야 하는 지식인의 숙명을 보여 주고 있는 상황으로 「토끼 이야기」에는 상황에 대한 비판적 시각을 담고 있는 부분이 많아 보인다. 다시 말을 하자면 일본 병사들 군복이 되는 토끼를 키워서 성공을 하는 내용으로 꾸며졌다면 신체제에 동조하는 것이지만 돌이킬 수 없을 정도로 실패를 하는 이야기 전개는 '결국 실패하는 사회가 될 것'이라는 복선을 깔고 작품을 구상한 것으로 판단된다. 「토끼 이야기」 전개를 알아보면 다음과 같다.

>...뉘집에서는 이백 원을 드려 시작했는데 이태가 못 되어 매월 평균 칠팔십 원 수입이 있다는 것을 현의 아내가 직접 목격하고 와서 하는 말이었고,
>
>— 《서음출판사》, 「토끼 이야기」, 2005년

아내의 이야기를 들은 주인공 현은 토끼 기르는 책을 빌려다 읽고 '토끼를 기르는 것이 매일 붓들려 있는 일이기는 하나' 그 전에 매일 신문소설에 얽매어 있었던 것과 비교를 하면 시간적 여유가 있을 것으로 판단을 한다. 그리고 토끼를 기르면서 틈틈이 책도 읽고 평소에 쓰고 싶었던 문단에 가교가 되는 작품을 쓸 수 있을 것 같다는 판단을 내리고 직접 토끼를 기르는 집을 방문하게 된다.

그 집 바깥주인은 몇 해 전에 '동아(신문)'에서도 사진을 2단으로 내인 적이 있고, 그의 연주회 주최를 다른 사와 맹렬히 다투기까지 했던, 한때 이름 높던 피아니스트였다.

피아니스트답지 않게 거칠고 풀물이 시퍼런 손으로 현의 부처를 맞아 주었다.

칸칸이 새하얀 토끼들이 두 귀가 빨족하니 앉아 연분홍 눈을 굴리며 입을 오물거린다. 동화의 세계다.

― 《서음출판사》, 「토끼 이야기」, 2005년

주인공 부부가 찾아간 집은 아내의 동창이라는 과거 유명한 피아니스트였다. 그러나 토끼를 키우는 직업으로 바꾸고 나서 매달 칠팔십 원씩 수입을 올리고 있다고 하는 집이었다. 주인공 현이 본 것은 토끼의 귀엽고 예쁜 모습이었고 그것이 마치 동화의 세계라는 상상을 하고 있다. 즉 직업 전선에 뛰어들어 사활을 걸고 토끼를 키우는 것보다는 동화에서 보았던 관념으로 대하고 있다는 것은 이미 실패를 할 수밖에 없는 상황이었다. 주인공이 보아야 할 것은 '토끼를 키울 때 문제점' '먹이' '청소' '가죽을 벗기는 법' 등이었지만 그것에는 관심이 없는 상황을 보여 주고 있다.

그렇게 동화 속의 세계처럼 바라보고 나서 주인공 부부는 토끼를 기르는 사람에게 토끼 키우는 경험담을 듣고 와서 기르기 쉽다는 매리캔 이십 마리를 광주 가네보양토부에 주문했다. 당시의 신문 기사를 보면 부업으로 토끼를 키우는 것을 장려하고 있고 지나사변 이후에는 더 적극적으로 아래와 같이 권장을 하고 있다.

   * 참조: 조선에 있는 채피 양토는 메리켄, 벨장, 이타리양 등의 대정14년을 중심으로 하야 전후 3개년 간 본 협회에서 장려하여 지금은 벌써 일개년간 십만여 모피를 생산하여 전부 일본으로 수출하고 있다.

-《동아일보》, 1932년

   양토끼를 기르는 게 대단히 유리한 부업입니다. 지금까지에는 누구에게나 대수롭지 않게 생각할 것이나 금번 지나사변이 일어나자 여기에 대한 관심이 무척 높아졌습니다. 양토끼 기르기가 간단할 뿐만 아니라 가죽은 전쟁에 나간 군대의 방한구로 없어서는 안 될 중요한 군수품입니다.

-《조선일보》, 1938년

  토끼를 주문한 뒤에는 목수를 불러 사육장을 만들었고 아이들을 데리고 산으로 가서 풀과 아카시아를 뜯어다 준비를 하였고 비지도 두부 장사에게 맡기었다. 또 수분이 있는 사료는 병이 난다고 해서 건조 사료를 주문하는 등의 준비를 마쳤다. 드디어 토끼가 도착을 하고 사육장에 넣으면서 본격적인 토끼 키우기가 시작됐다. 당시 주인공 현의 마음을 토끼를 사육할 준비가 되어 있지 않다는 것을 다음과 같은 내용에서 확인할 수 있다.

  아이들과 아내는 즐그며 끌르며 덤비었으나, 현은 뒤에 물러서서 그 적은, 그 귀여운, 그리고 박꽃처럼 희고 여린 동물에다가 오륙 명의 거센 인생의 생계를 계획한다는 것을 생각할 때 확실히 죄스럽고 수치스럽기도 하였다.
- 《서음출판사》, 「토끼 이야기」, 2005년

가족들은 주문한 토끼가 담겨 있는 상자를 풀면서 덤벼들었으나 주인공은 한걸음 물러서서 바라보는 것을 보면 적극 토끼를 키울 생각이 없다는 것을 보여주고 있다. 또 작은 토끼들에게 생계를 맡긴다는 것에 죄책감을 느끼는 것을 볼 때 칼을 들고 가죽을 벗기는 일을 할 수 없다는 것을 암시하고 있다.

토끼를 키우는 일은 손이 많이 가는 부업이다. 남들이 일확천금을 벌었다는 이야기를 하는 이면에는 그만큼의 노력이 필요하다. 식물 같은 경우에는 적당하게 비료와 물을 주면 되지만 토끼는 살아 있는 생물이다. 그래서 매일 먹이와 물을 주고 관리를 해야 한다. 가장 중요한 일은 먹이를 충분히 주는 것이다. 그런데 일제 강점기에는 지금처럼 사료가 충분하지 못했다. 그런 까닭에 토끼 먹이를 확보하는 것이 가장 중요했다. 「토끼 이야기」에서는 다음과 같은 방식으로 먹이를 공급했다.

* 푸른 잎 : 주인공 현은 아이들을 데리고 산으로 가서 풀과 아카시아 잎을 따서 가져 옴.
* 두부 비지 : 토끼가 좋아하는 두부 비지는 장사에게 맡김.
* 건조 사료[乾燥飼料] : 비지와 풀과 같은 먹이는 토끼가 병이 날 수 있어서 저장과 유통을 쉽게 하기 위하여 습기를 제거하여 건

조시킨 건조 사료를 주문함.

이런 사료들을 어떻게 공급 하느냐에 따라서 경제성이 결정되기 때문에 어떻게 관리해야 하는지를 당시 신문에서는 구체적으로 설명하고 있는데 소개해 보면 다음과 같다.

토끼밥 – 이것을 토끼를 키우는데 중요한 문제라고 할 수 있으니 충분한 영양 풍부한 음식을 주어야 될 것입니다. 사료공급에도 도구 안에서 가토생리상에 위반치 않는 정도에 공급하기를 힘쓸 것입니다. 가령 처음부터 나중까지 토끼밥을 사서먹인다면 이것도 경제상 적지 않은 영향이 될지니 기르는 사람이 주의하여 정한 풀밭에서 아침 저녁으로 베어 먹이도록 하는 것이 좋습니다. 풀 이외에 콩비지를 먹이는 사람도 있습니다. 풀 없는 겨울에 순전히 토끼밥을 순전히 사서만 먹여야할 경우에는 값싸고 영양이 풍부한 것을 공급하도록 함이 필요합니다.

– 《조선일보》, 「토끼치는 법 소개 김정일」, 1925년

위의 기사를 읽어보면 토끼를 사육할 때 가장 어려운 문제가 풀이 말라죽은 겨울이다. 이때 건조 사료를 사서 키우면 경제성이 없다. 결국 토끼를 사육하는 것도 수입을 확보하기 위한 것인데 오히려 손해를 보게 된다면 더 이상 키우지 않게 될 것이다. 이럴 경우 일본군 군복용으로 필요한 토끼 가죽을 보급할 수 없는 심각한 문제에 직면을 하게 된다. 따라서 일본제국은 이 문제를 해결하기 위해 다양한 방법을 신문 지상에 소개하고 있다. 그런 기사 중에서 1938년 7월 3일자 《조선일보》 기

사를 소개해 보면 아래와 같다.

> (토끼를 기르는) 농가에서는 동계 사료로서 건조한 야채가 가장 적당하다. 동계 건조 사료 제조법은 감저(감자) 넝쿨의 경우에는
> ① 캐낸 넝쿨을 잘 씻어서 일주일가량 그늘에 말린다.(볕에 말릴 경우 잎이 떨어질 수가 있다)
> ② 길이가 1~촌 되게 자른다.
> ③ 가마니나 자루에 넣어서 습기 없는 곳에 저장한다.
> ④ 급여를 할 때는 분무기 등으로 물을 뿌려 만져서 축축한 정도가 되게 한다.
> ⑤ 쌀겨 같은 것을 발라서 급여를 하면 영양가가 높아진다.
> ⑥ 대근엽 감자 넝쿨은 햇볕에 말리고 가루로 만들어 보관했다가 위와 같은 방법으로 동계 급여를 한다.
> ⑦ 이밖에 겨울철 건조 사료로는 대두, 자운영, 옥수수 등을 사용하는데 말리면 성질이 변할 수 있어서 주의를 해야 한다.

위와 같은 방법을 통해 겨울철 사료를 제조하는 방법을 홍보하고 있다. 당시에는 감자 넝쿨을 토끼 사료로 사용했다는 것이 눈길을 끈다. 감자 넝쿨의 경우에는 소들도 잘 먹지 않는 것인데 그것을 토끼의 겨울 사료로 활용하는 것은 자원의 재활용 측면에서 좋았을 것이라는 판단이다. 그리고 각 신문에서는 토끼 사육법에 대해서 '전시 물자 동원'이라는 제목으로 중요하게 다루고 있는데 '토끼를 키우려면 전문가와 같은 충분한 지식을 알고 있어야 한다'는 것이 가장 핵심적인 내용이다. 그리고 가장 먼저 알아야 할 사항이 '가토(家兎)의 사료'라고 지적하고 있

다. 이런 점에 비추어 보면「토끼 이야기」에 등장하는 주인공 가족들은 사료 확보에 대한 기초 지식도 갖고 있지 않았던 것 같다.

그런 사실을 명확하게 보여주고 있는 것이「토끼 이야기」에 등장하는 다음과 같은 내용이다.

> 아모튼 토끼가 와서 부터는 현은 잠시도 쉬일 새가 없었다. 멕이를 주고 다음 멕이의 준비까지 되어 있으면서도 얼른 손을 씻고 방으로 들어와지지가 않았다. 토끼장 앞으로 어정어정 하는 동안 다시 멕이 시간이 되고 다시 그 다음 멕이를 준비해야 되고 장안을 소제해야 되고, 현은 저녁이 돼서야 자기 시간으로 돌아올 수가 있었다.
> -《서음출판사》,「토끼 이야기」, 2005년

주인공 현이 처음 토끼를 키우겠다고 생각을 했을 때 남는 시간에 훌륭한 작품을 써야겠다는 생각을 하였다. 그러나 토끼를 막상 키우면서 낮에는 그런 시간을 찾을 수가 없었다. 왜냐하면 끼니마다 먹이를 챙겨 주어야 하고 토끼장을 손을 보고 물을 갖다 주고 또 토끼의 건강 상태 등을 확인해야 하기 때문이었다.

4. 새 사조 가교를 놓는 작품을 쓰려했던 이태준

작가의 꿈은 모든 직업을 내려놓고 창작 활동에 매진하는 전업 작가이다. 그러나 이것은 생각보다 쉽지 않다. 지금은 고인이 된 신경림 시인(申庚林, 1936년 4월 6일~2024년 5월 22일) 문학 강연에서 '절대로 직장을 사표 내고 전업 작가를 꿈꾸지 말라'고 신신당부를 하는 것과 같이 현실적 어려움에 직면하게 된다. 처음에 주인공 현은 밤이 되면 홀로 조용히 불을 밝히고 자기의 세계를 호흡하는 것을 즐겼다. 특히 십 년 전 미혼일 때 재독을 했던 태서 명작(泰西名作: 태서는 서양을 예를 갖추어 부르던 말이었다.)을 다시 음미하는 것이 즐거웠다. 이것은 이태준이 하숙 생활을 하던 때에 발간돼서 문학인들에게 큰 영향을 준 서양의 명작 소설을 다시 읽는 것을 이야기하고 있다. 당시 발간 된 태서 명작에 대해서 알아보면 다음과 같다.

* 참고:『태서명작단편집』(1924)

이 전집은 서양(泰西)의 여러 단편소설을 번역하여 엮은 한국 최초의 서양 단편 앤솔로지로 알려져 있다. 이 전집에 참여했던 작가는 홍명희, 진학문, 염상섭, 변영로 등 4인이었으며 이들은 과거『동명』,『개벽』,『학지광』,『신생활』에 역재(譯載)됐던 단편소설 15편을 엮어서 발간했다. 이 번역본은 주로 일역본을 경유한 중역(重譯)의 방식이었지만 변영로의 번역작 3편은 모두 영역본의 중역이었다. 기획 및 편집을 맡은 변영로는 우선 번역진을 구성한 후, 각자의 과거 번역을 추적하여 모으는 단계를 밟아서 출간을 했다. 그런 노력 결과 15편 중 9편이 러시아 소설로 편중되는 구성의 불균형을 보인 것이 특징이다.

당시 발간 된『태서명작단편집』에는 일본의 식민 통치와 노선이 다른 내용이 많아서 항상 갈등이 내포되어 있었다. 그중에 가장 대표적인 것이 육당 최남선이 알퐁스 도테의 '마지막 수업'을 '만세'라는 제목으로 바꿔서 실은 것으로 일본 검열에서 전부 삭제시키는 조치를 취했다. 또한 러시아 소설이 9편으로 압도적으로 많은 것은 당시 농경 사회에서 사회주의 혁명을 맞은 러시아 상황이 조선과 유사하기 때문에 많은 작품들이 소개된 것으로 알려지고 있다. 특히 중국과 일본과는 다른 새로운 땅이었기 때문에 19살의 나이로 시베리아로 훌쩍 떠났던 백신애, 영화인 나운규, 이광수 등의 경우처럼, 절망에 빠진 식민지 젊은이가 맨몸으로 '방랑'을 찾아 쉽게 떠날 수 있는 곳이기도 했던 곳으로'(2017년 10월 26일 한계레 신문) 알려지고 있었다. 이런 상황을 더 구체적으로 묘사를 한 것을 알아보면 다음과 같다.

"지금 러시아는 '제3세계'처럼 받아들여지지만, 당시에는 '제1세계'였다"고 말했다. 이광수를 비롯한 근대 지식인들은 앞다투어 톨스토이와 도스토옙스키 같은 러시아 문학에 심취했고, 술에 취하면 러시아어로 떠들어대곤 했다. 카츄샤와 나타샤, 쏘냐는 순이만큼 친숙한 이름이었고, 시베리아는 향수의 대상이요 실제로 이들이 방랑한 무대였다. "러시아는 우리에게 유토피아로서, 어떤 '모델'과도 같은 곳이었습니다.
　　　　　 -《한겨레 신문》, 2017년 10월 26일, '러시아 문학으로 한국 근현대사를 비추어 보다' 김진영 연세대 교수 대담에서 인용

위의 글을 보면 러시아 문학이 우리 문단에 미친 영향은 아

주 크다. 이런 문학적 분위기는 자전적 소설 「사상의 월야」에서 자주 등장하고 있다. 특히 해방 이후 소련을 기행한 뒤에 북한에 눌러앉게 된 것도 이와 무관하지 않다는 판단이다. 또한 「토끼 이야기」에서는 책을 읽다 말고 인류의 사조 물결을 더듬으며 그동안 변혁기마다 '이 구퉁이 저 구퉁이 부스러트리기만 해 오던 장편(長篇)의 구상을 계속해 보는 것도 얼굴이 닳도록 즐거움이었다.'라고 할 정도로 행복한 시간을 갖게 된다. 특히 단편이 아니라 장편인 것은 '사조와 사조 사이에 문학적 가교 역할을 하고 싶다'던 상허 이태준 선생의 문학적 야망을 드러낸 것이라 할 수 있다.

주인공 현은 「토끼 이야기」에서 시대를 담은 사조가 급속하게 변하고 있다는 것을 이야기하면서 새 책이 나오면 전에 것은 헌책이 되는 이치처럼 인간과 세상을 지배하는 사조도 같다는 생각을 하게 된다.

새 사조가 지나갈 때 많으나 적으나 또 그전 것을 위해서난 새것을 위해서나 반드시 희생자는 났다. 그 사조가 거대한 것이면 거대한 그만치 넓은 발자취로 인류의 일부를 짓밟고 지나갔다.
- 《서음출판사》, 「토끼 이야기」, 2005년

새로운 사조가 만들어져서 세상에 널리 퍼질 때는 희생자가 만들어지는 것은 피할 수 없는 운명이라는 생각을 갖고 있으면서 사조가 거대한 것이면 인류의 일부를 짓밟고 지나갔다는 표현을 했다. 이것은 일본이 추진하고 있는 신체제가 앞으로 많은 희생자를 만들어 낼 수 있다는 경고를 하고 있는 것으로 보여진다. 그런 다음에 옛사람들이 한 번도 안 겪을 사상의 난리를 지금은 자주 겪고 있다는 점을 강조하고 있다. 이것은 그만큼 희생이 따른다는 우회적 비판으로 판단된다. 그런 주장을 하면서 신사조 흐름과는 역행하는 청나라 시인 이초(二樵)가 말한 일신수생사(一身數生死)라는 이야기를 꺼낸 것은 상고주의가 필요하다는 것을 강조하기 위한 배치로 보여진다. 특히 주인공 현이 '정히 현대의 우리를 가르킴이라 하고. 책장을 몇 번이나 바라보면서 쓴웃음을 지었다.'라는 구절을 보면 현대의 신사조가 부질없음을 간파하고 있으며 조소에 가까운 쓴웃음을 보이는 장면은 우리에게 시사하는 것이 많다. 그리고 '일신수생사! 사상은 짧고 인생은 길고……'라고 한 것은 상허 선생의 인생에 대한 생각을 잘 반영한 것이다.

5. 이상은 깨지고 각박한 현실에 눈을 뜨다

　주인공 현의 가족은 토끼를 처음 키웠지만 가을이 될 무렵에는 스무 마리가 사십여 마리로 늘어났다. 계산적으로는 재산이 배로 증가한 것이다. 이렇게 증식을 시키면 부자가 되는 것은 시간문제이다. 그런데 토끼를 키우는 가정이 늘면서 한반도 안에 토끼가 갑자기 늘어난 것이다. 토끼가 늘어나면서 키우는 농가들은 사료 걱정에 시달리게 된다. 그러나 당시 일제는 토끼가 부족하다는 내용의 홍보를 지속적으로 하고 있다. 그 이유는 다음과 같다.

* 토끼 가죽 – 일본군 방한 군복으로 사용
* 토끼 고기 – 건조해서 일본군 식량으로 사용

위의 내용을 보면 토끼는 일본군에게는 반드시 필요한 가축이었다. 특히 전쟁에 나선 군인들에게 고기를 공급하는 것은 전투력과 직결이 되는 일이다. 당시 가죽을 벗긴 토끼 고기를 일반 국민들이 잘 애용하지 않자 이것을 말려서 군인 식량으로 공급을 했다. 따라서 일제는 일반 주민들이 토끼 사육으로 곤란한 지경에 이르렀지만 아랑곳하지 않고 더 많이 기르기를 원했는데 당시의《조선일보》1938년 8월 30일 자 기사를 보면 알 수가 있다.

> 조선내의 양토수는 현재 겨우 칠만두에 불과하는데 총독부 축산과에서는 방한용으로서 토피의 수요는 군수민수 각방면에 급속히 증가하고 있으므로 그 증산을 계화중이었는데 오개년 계획으로… 백만두를 목표로… 장려하게 하였다.

1938년 현재 7만 두에 이르는 것을 5년 후에는 100만 두를 키울 것을 목표로 하고 있는데 이유는 방한용 군복이 필요했기 때문이었다. 총독부에서는 그것을 더 확실하게 추진하기 위해서 다음과 같은 구체적인 관리 계획까지 만들어 놓고 있었다.

① 토끼 가죽의 채취 처리 및 기타 사육을 위해 지도원의 설치
② 총독부급 도농사 시험장의 양토 설비 확장

③ 강습회를 개최하여 사육과 관리 생산을 교육하고 특히 고기 이용을 장려할 것
④ 총독부급 도군농회에 지도장을 설치

이와 같은 방법으로 대대적 토끼 사육을 권하였지만 문제는 개체 숫자가 증가하면서 당장 사료가 부족한 상황에 직면하게 된다. 이태준 선생의 「토끼 이야기」를 보면 당시 상황이 잘 묘사 되어 있다.

> 먹이는 문제다. 풀과 아카시아 잎의 저장을 충분히 할 수 없어 비지와 간조 사료에 오히려 믿는바 컸었는데 두부 장사가 가끔 거른다.
> 오는 날도 비지를, 소위 실적 반도 못 가져 온다. 간조 사료도 선금과 배달비를 후히 갖다 맡겼는데도 오지 않는다.
> - 《서음출판사》, 「토끼 이야기」, 2005년

가을이 되기 전까지는 주변에 풀을 뜯어서 먹이로 쓸 수 있었다. 그러나 서리가 내리면서 그것도 말라버려 두부에서 나오는 비지와 곡식을 방아를 찧을 때 나오는 계를 사용할 계획을 세우지만 그 상황도 어렵게 됐다. 우선 비지의 경우에는 조선에 콩 공급이 부족해져 비지 생산을 줄어들었는데 토끼 사육 농가가 증가를 하면서 품귀 대란을 겪게 된다. 또 간조 사료로 사용하는 쌀겨도 식량부족으로 칠분도나 오분도로 방아를 찧어서 잘 생산되지 않는 상황에 직면하게 된다. 결국 조선에서 토끼를 키우는 농가들은 겨울 사료 확보에 비상이 걸리게 된다. 그런 상황이라면 토끼 사육을 자제시키는 것이 필요한데 일본 총독

부는 오히려 7만 두를 키우는 것을 100만 두로 늘리겠다고 발표하는 것은 오르지 자국의 군인들을 위해서 조선 반도 국민들을 희생양으로 삼겠다는 계산이 깔려 있다는 판단이다.

이런 문제를 해결하기 위해 동분서주를 하였으나 오히려 닭을 키우던 집들이 사료비를 감당하지 못해 닭을 팔고 우리를 허는 일이 벌어질 정도였다. 「토끼 이야기」에서는 현의 아내는 현실을 판단하고 당장 문제를 해결하기 위해 '토끼를 헐값이라도 처분해야 할 상황'이지만 사십여 마리를 일시에 죽여야 한다는 것이 큰 문제였다. 집안이 도살장이 되는 것보다는 말릴 널판자도 없고 가족 중에서는 토끼 가죽을 벗길 사람이 없다는 것이 큰 문제였다.

현은 남자면서도 닭의 멱을 하나 따본 적이 없고, 현의 아내는 오막사리 때 튀겨 먹을 닭 한 마리를 온군 채 사왔더니 닭이 흘겨 뜬 죽은 눈이 무서워 신문지로 덮어 놓고서야 썰던 솜씨였다.

- 《서음출판사》, 「토끼 이야기」, 2005년

상황이 이렇게 되자 현의 가족은 개체 숫자를 늘리지 말고 시간이 걸리더라도 산채로 처분할 수밖에 없다는 생각을 하게 된다. 우선 살리자는 생각으로 나선 것이 아내가 졸업한 학교 운동장에 클로버가 있다고 떠올려 그곳으로 간다. 학교에서는 잔디를 보호하기 위해서 얼마든지 뜯어 가라고 해서 주인공 현은 아내의 '당신이 가기 싫으면 내가 가리다'라는 협박에 못 이겨 대패밥 모자를 쓰고 동저고리 바람인 채 고무신을 끌고 학교에서 돌아온 큰 녀석에게까지 다래키 하나 들려서 클로버를 뜯으러 나서게 된다. 「토끼 이야기」에서 자존심이 강한 아내가 자기 학교 운동장에서 클로버를 뜯는 것을 묘사한 것은 생활을 위해 모든 것을 포기하는 여성상을 보여 주고 있는 것으로 '여자도 현실 참여가 필요하다'는 주장을 담고 있는 것으로 읽혀진다.

6. 「토끼 이야기」에 담긴 메시지

「토끼 이야기」를 보면 주인공 현은 적극적으로 토끼를 키울 생각이 없었다. 주인공은 신문소설을 그만 쓰고 자기 이름을 널릴 알릴 역작을 쓰고 싶어 했다. 그러나 신문소설로 소득이 생기고 소설집으로 발간을 하면 목돈이 생기는 것에 재미를 붙였던 아내는 당장 생활에 대해서 걱정을 하고 토끼를 기르는 일에 적극 주도를 한다. 주인공은 아내를 따라서 토끼를 길러서 성공한 집을 방문하면서 양토를 결정하지만 자의적이라고 보기는 어렵다. 또 토끼를 주문하고 도착을 했을 때 다른 가족들의 기대감과는 별개로 '뒤로 물러서서... 그 박꽃처럼 희고 여린 동물에게다 오륙 명의 거센 인생 생계를 계획한다는 것을 생각할 때 확실히 죄스럽고 수치스럽기도 할' 정도로 감성적인 태도를 취한다. 그럼에도 토끼 사료가 부족해지자 아이들을 데리고 아내가 다니던 학교 운동장에서 클로버를 뜯는 일에 나서게 된다. 마침 학생들이 행운의 네잎 클로버를 찾고 있었기 때문에 겸사겸사 도와줘서 클로버를 쉽게 뜯게 되고 그때 주인공 현은 다음과 같은 생각을 한다.

> 자기의 안해도 한때는 뿌라우닝 시집을 끼고 이 운동장 언저리를 거닐다가 저렇게 목마르듯 '행복의 요쓰바(행운의 네잎 클로버)'를 찾아보았으려니 그 행복의 요쓰바와 함께 푸른 하늘가에 떠오르던 그의 '영웅'은 오늘 이 마당에 농립을 쓰고 앉아 토끼 밥을 뜯는 사나이는 결코 아니었으려니
>
> – 《서음출판사》, 「토끼 이야기」, 2005년

위의 글을 보면 현은 이태준이고 아내는 이화여전 음악과를 졸업한 이순옥 여사를 이야기 하고 있는 것이다. 현은 아내가 과거 학창 시절에는 이 학교 교정에서 낭만적으로 영국 시인 로버트 브라우닝(Robert Browning, 1812년 ~ 1889년, 영국의 시인이자 극작가)의 시집을 들고 운동장을 걸었을 것이라는 생각을 하면서 그때 꿈꾸던 미래의 인생 동반자가 지금 풀을 뜯고 있는 자기의 초라한 모습은 아니었을 것이라는 상상을 하고 있다.

마지막 희망과도 같았던 운동장 토끼풀은 5일 정도는 더 뜯어 갈 수 있었지만 그 다음날 된서리가 내려서 다 시들어 버렸다. 상황이 급하게 되자 현의 아내는 마침 김장철이라서 나오는 무청, 배추 우거지를 이집 저집에서 모아다 토끼 먹이로 썼지만 그것도 한철일 뿐 근본적 대책이 되지 못했다. 이런 상황을 극복하기 위해 주인공 현은 대학병원에서 실험 대상으로 토끼를 사용한다는 것에 착안해서 직접 찾아 가보게 된다.

현은 생각다 못해 한두 마리씩이라도 없애 보려 대학병원 의사 한 분을 찾아가 보았다. 십여년째 대이는 사람이, 그도 요즘은 한두마리씩 더 갔다 맡기어 걱정이라는 것이었다.

- 《서음출판사》, 「토끼 이야기」, 2005년

현이 찾아간 대학 병원에서도 너무 많은 토끼 때문에 골머리를 앓고 있는 중이었다. 이에 할 수 없어서 책사에 들려서 직접 토끼를 죽이는 법을 읽으며 직접 실행에 옮기려고 마음을 굳게 먹고 집으로 와서 도전한다.

오는 길로, 옷을 갈아입는 길로, 토끼 한 놈을 꺼내였다. 현은 단단히 앙가슴과 뒷다리를 움켜쥐고 마루로 왔다. 딸년이 방에서 나오다가 소리를 친다. "애들아 아버지가 토끼를 꺼냈다!" "왜 그류 아버지?" "병낫수?" "마루에 가둬, 우리 가지고 놀게." "이뻐서 그류 아버지?"
"가 저리들." 현은 소리를 꽥 질렀다.

- 《서음출판사》, 「토끼 이야기」, 2005년

이런 일이 벌어지고 있는데 아내가 나오는데 만삭이었다. 살생하는 것이 태교에 나쁘다는 것을 내심 핑계 삼아 현은 토끼를 다시 갖다 넣고 만다. 주인공은 다른 사람이 주사를 맞는 것도 똑바로 바라보지 못하는 성격이다. 그런 성격이 목을 졸라 죽일 때 토끼가 버들적거리는 것을 이겨낼 자신이 없다. 또 토끼 심장을 더듬어 송곳을 드려 박기는 더욱 더욱 자신이 없었다. 또 아내의 뱃속에 들어 있을 태아가 마치 토끼 형상으로 꼬부리고 있을 것을 생각하면 죄를 받을 것만 같아 포기 하게 된다.

　　김장철이 지나자 토끼 먹이는 더욱 귀해서 사람도 먹기 힘든 두부와 캐배지로(양배추 썰은 것) 대이는데 하루에 일원 사오십전씩 나간다.
　　토끼 때문에 이럭저럭 사오백 원이 부서졌고, 김장하고 장작 두 마차 들이고 퇴직금 봉지엔 십 원짜리 서너 장이 남았을 뿐이다.
　　　　　　　　　　　　　　　－《서음출판사》,「토끼 이야기」, 2005년

　　위의 내용을 보면 퇴직금을 밑천 삼아 토끼를 길러서 생활고를 탈피하려고 시도한 것이 사료부족이라는 현실에 직면하게 된다. 주인공 현처럼 소설이나 쓰던 사람도 토끼 양육 사업에 뛰어들게 만든 책임은 일제 총독부에 있다. 자신들이 진행하고 있는 전쟁에 참전한 병사들 옷을 가죽으로 입히기 위해 순진한 조선 사람들을 이용한 것이라 할 수 있다. 각종 신문에 부업으로 토끼 키우는 법을 대대적으로 실어서 사람들 관심을 끌어낸 뒤에 그 사람들이 망하던 말든 토끼 가죽만 확보하면 된다는 약탈적 식민지 정책의 결과라 할 수 있다.「토끼 이야기」를 보면 퇴직금을 다 밀어 넣었고 당장 토끼 사료는 부족한 상황으로 내몰리게 된다. 이런 경우에 파산을 피할 수 없는 막다른 골목에 봉착하게 된다.「토끼 이야기」에서는 이 상황을 다음과 같이 정리를 한다.

　　'어떻게 살 건가?'
　　어느 잡지사에서 단편 하나 써달란 지가 오래다.
　　하루는 있는 장작이라 우선 사랑에 군불을 뜻뜻이 지피고, '이놈의

토기 이야기나 써보리라'하고 들어앉아, 서두를 찾노라고 망설이는 때였다.

— 《서음출판사》, 「토끼 이야기」, 2005년

그래도 주인공 현에게 단편소설을 청탁하는 잡지사가 있어서 그것을 '어디 돌아앉아 쓰는 게 수다'라고 생각을 하고 자신이 겪은 '토끼'를 주제로 단편을 쓸 생각을 하고 있다. 글의 시작부분을 곰곰이 생각하고 있는데 '여보? 어디 계슈?'라는 아내의 목소리가 들린다. 주인공 현이 내다보니 아내 얼굴은 종잇장처럼 창백하고 손이 피투성이다. 웬 피냐고 물으니 아내는 억지로 찡겨 웃음을 짓는다. 이 상황은 답답한 아내가 직접 식칼을 들고 토끼 두 마리 가죽을 벗겨 놓은 상태다.

"당신더러 누가 지금 이런 짓 허래우?"
"안험 어떻허우?"
하고 아내는 토끼털과 선지피가 엉키인 두 손을 쫙 벌려 내여 민다.

— 《서음출판사》, 「토끼 이야기」, 2005년

「토끼 이야기」에 등장하는 주인공 현의 아내는 죽은 닭의 눈을 신문지로 가려 놓고야 칼로 썰을 정도로 심약한 여인네였다. 그런 사람이 지금 토끼 가죽을 벗기는 상황에 주인공 현은 콧날이 찌르르해지며 눈이 어두워진 상태가 된다. 이런 상황에서 소설의 끝을 맺지만 마지막에서 주인공 현이 독백처럼 내뱉는 말에서 이 소설이 무엇을 시사하고 있는지 알 수 있다.

(아내의)피투성이의 쩍 벌린 열 손가락, 생각하면 그것은 실상 자기에게 물을 요구하는 것이 아니었다.

– 《서음출판사》, 「토끼 이야기」, 2005년

아내가 피투성이로 쫙 벌린 열 손가락이 요구하는 것이 물이 아니라면 무엇이었을까? 대부분의 평론가들은 새로운 세계가 열렸으니 이제는 행동에 나서야 한다는 강력한 요구라고 판단한다. 즉 일본이 일으킨 전쟁으로 신체제가 등장을 했으니 과거처럼 있다가는 빈 봉투가 된 퇴직금 같은 상태가 될 수 있으니 적극 행동을 해야 한다는 강력한 메시지를 던지고 있는 것으로 읽고 있다. 상허 이태준 선생은 시대가 변했으니 사람도 변해야 한다는 입장을 소설에 담은 경우가 많은데 대표적인 것 아래의 구절이 등장하는 작품 「영월영감」이다. 이 소설에서는 '호랑이 같은 젊은 나이에 왜 가만히들 있냐?'면서 식민지 시대 무기력한 젊은이들을 질타하고 있다.

"넌 올에 몇이지?"
"서른둘입니다."
"서른둘! 호랑이 같은 때로구나! 왜들 가만히들 있니?"
"……"

– 《서음출판사》, 「영월영감」, 2005년

그런데 관점을 바꾸어서 생각하면 이태준이 당시 시대 상황을 비판하고 있는 것이 감추어져 있다는 것을 느끼게 된다. 신체제가 왔으니 조선인들에게 변화가 필요하다는 것을 공감하지만 일제가 추구하는 정책, 토끼를 사육시켜서 일본 병사들 군복으로 사용하는 가죽을 확보하고 고기를 비축하는 정책에 대해서 반기를 드는 반일 작품으로 보인다. 신체제 등장으로 중견 작가인 자신의 일자리가 없어지고 토끼를 키우기 위해 알토란 같은 퇴직금을 다 날리고 음악가 출신인 부인이 토끼 배를 가르는 현실을 고발한 것으로 보인다. 부인이 피 묻은 양손을 벌리고 있는 것은 '더 이상 남은 것이 없다.'는 절망의 몸짓으로 봐야 한다. 또 「영월영감」에서 주인공 성익이 '서른둘' 조카에게 '왜들 가만히 있니?'라고 힐난한 것은 조선의 황금을 일본이 다 털어가는 것에 방관하고 있는 무기력을 지적한 것으로 판단된다.

7. 나가는 말

이태준의 단편 「토끼 이야기」 제목을 보면 일본의 군부 정책에 동조하는 것처럼 착각하게 만든다. 만주에서 전쟁을 하던 일본군인들 가죽 군복이 되고 단백질 공급원이 되는 토끼 사육을 장려하는 것처럼 느끼게 만든다. 그러나 소설의 내용은 일확천금을 상상하고 토끼를 사육하다가 퇴직금을 쏟아붓는 주인공 현의 좌절감이 담겨 있다. 당시 일제가 토끼 사육을 권장하면서 겨울철 사료가 부족하다는 것을 감추고 있는 것을 들춰낸 고발작품이라는 생각이다. 문제는 인물 성격 묘사를 통해서 순수문학을 이끌던 상허 이태준이 사회성을 담은 주제로 변화를 시도하고 있다는 점이다. 이것은 이태준 가족 경제를 책임졌던 신문소설은 신문사 폐간으로 더 이상 쓸 수 없고 순수문

학 잡지사들도 문을 닫았다는 현실에서 새로운 돌파구가 필요했다는 절박한 사정 때문으로 판단된다. 또한 중일 전쟁을 일으킨 일본이 이것을 타개하기 위해 고노에 후미마로가 중심이 되어 시도한 제3의 위치적 정치 운동, 신체제운동(일본어: 新しん体たい制せい運うん動どう)의 등장으로 의식 변화가 필요하다는 시대적 변화도 한몫을 한 것으로 보인다. 이런 시대적 흐름을 인식한 이태준은 문학적 변신을 꾀하면서 '당대 명문 이화여전에서 피아노를 전공한 만삭의 부인이 칼을 들고 토끼 배를 갈라놓고 피 묻은 두 손을 벌리고 서 있는 모습'으로 일제의 정책이 중견 지식인층의 몰락을 유도하고 있다는 신체제의 허구를 지적하고 있는 반일 작품으로 평가 되어야 한다는 판단이다.

Ⅳ 단편 「장마」에 담긴 일본 비판 의식과 문인들 모습

1. 시작하는 말
2. 「장마」(《조광》, 1936년) 일본 체제 비판 시각
3. 「장마」에 등장하는 文人들 모습
4. 「장마」에 등장하는 다방 '낙랑'
5. 자유연애 사상의 그늘
6. 나가는 말

Ⅳ 단편「장마」에 담긴
일본 비판 의식과 문인들 모습

1. 시작하는 말

    이태준의 문학을 분석하면 소설이나 희곡 따위에서 기본으로 삼는 픽션(fiction:실제로는 없는 사건을 작가의 상상력으로 재창조해 냄)을 바탕으로 하는 성향을 갖고 있지 않다. 구체적으로 보면 사실에 근거하여 작품을 쓰는 논픽션(Nonfiction)을 선호하는 작가이다. 이 두 분야 구분은 1912년 미국 잡지『퍼블리셔즈 위클리』가 베스트셀러를 발표할 때 분류한 것에서 유래 되었다고는 하지만 실제 창작 활동에서는 구분이 불가능하다. 이태준이『무서록』「기타 명제」에서 밝혔듯이 작품 소재를 얻기 위해 부지런히 메모를 하고 신문이나 잡지를 오려두었다는 것을 보면 픽션과 논픽션의 경계는 없어 보인다. 이태준은 자신의 작품에 사실 경험을 넣는 것을 중요하게 여기는 작가로 그것을 증명하는 것이 1936년《조광》에 발표한 단편「장마」이다. 이 단편에는 부인 이순옥을 만나게 된 구체적 사연, 성북구 수연산방 근처 사람들 모습을 그리고 있다. 이런 내용을 보면 평범한 단편 소설 같지만 이태준은 「장마」를 통해서 일제 강점기 문화 정책을 비판하고 있다. 조선의 뿌리를 흔들고 있는 일본 문화가 절대로 고급이 될 수 없다는 점을 지적하면서 '남이 장에 간다는 소리에 거름통 지고 장에 따라나서는 우매한 사람들을 비판'하고 있다. 이태준은 자신이 갖고 있던 상고주의를 부정하려는 시도에 한 치의 양보도 할 수 없다는 것을 견지하고 있었던 작가로 판단된다. 또 이 소설에서는 일제 강점기를 살았던 작가들을 자세하게 묘사하고 있어 문학적 자료 가치가 있다는 점을 눈여겨봐야 할 것으로 판단되고 있다. 이런 점에 주목하면서 본고에서는 「장마」에 담겨 있는 반일 정신과 당시 文人들 삶을 엿보고 분석하고자 한다.

2. 「장마」(《조광》, 1936년) 일본 체제 비판 시각

일제 강점기에 일본은 자신들에게 도전하는 문학에 대해서 가혹한 검열의 잣대를 들이댔다. 채만식의 처녀작 「과도기」에는 다음과 같은 내용이 검열 삭제되어 있다.

'그놈은 아주 지독한 친일파놈이드랍니다'
'유식한 애국자가 되면 민족의 체면을 팔아먹어도 괜찮은가'
'불온' 문구, 일본 여성인 문자(文子)와 조선 청년인 형식의 사랑을 그린 부분

위의 내용을 보면 일본을 비판하는 것을 용인하지 않으면서

친일파 비난 그리고 일본 여자와 조선 남자와의 사랑도 허용하지 않고 있다. 이것은 조선은 완전한 일본이 되어야 한다는 기본 정신을 가지고 문학의 잣대를 들이댄 것이라 할 수 있다. 그러나 자세히 보면 일본의 검열 정책은 국가를 위해서 개인의 표현의 자유쯤은 무시해도 된다는 전체주의를 바탕으로 하고 있는 것을 알 수 있다. 정작 일본 내에서 군국주의를 비판하는 것에는 침묵을 하면서 조선 문학에만 적용하고 있는 것은 일제의 융화 정책이 차별과 배제에 바탕을 두고 있다는 것을 알 수 있다.

이런 사회적 분위기에서 많은 작가들이 일본의 정책을 우회적으로 비판을 하는 방식을 택하고 있었다. 그러나 이태준은 상상을 초월할 정도로 일본의 정책에 반기를 들고 있는 작품을 쓰고 있었다. 그런 것들 중에 「장마」에 등장하는 일본 정책 비판은 검열을 통과했다는 것이 놀라울 정도라 소개해 보고자 한다.

안국동 (安國洞)서 전차로 갈아탔다. 안국정(安國町)이지만 아직 안국동이래야 말이 되는 것 같다. 이 동(洞)이나 이(理)를 깡그리 정화(町化)시킨 데 대해서는 적지 않은 불평을 품는다.
그렇게 비즈니스의 능률만 본위로 문화를 통제하는 것은 그릇된 나치스의 수입이다.
더구나 우리 성북동을 성북정이라 불러보면 '이주사'라고 불러야 할 어른을 '리상'이라고 남실거리는 격이다.

모든 것에 있어 개성(個性)을 살벌(殺伐)하는 문화는 고급한 문화는
아닐 게다.

― 《서음출판사》, 「장마」, 1988년

인용한 글을 보면 우리의 전통 행정단위 동(洞)이나 이(理)를 깡그리 정(町)으로 바꾼 것에 대해서 불만을 표시하고 있다. 단순히 불만을 넘어서 '능률만 보고 문화를 통제'하는 나찌즘이라고 지적을 하고 있다. 그 이면에는 히틀러의 나찌즘과 일본의 군국주의를 똑같은 정권으로 비난하고 있는 것이다. 그러면서 시민의 이름 부르는 것까지 어수선스럽다는 이유로 통제하는 일이 벌어질 것 같다고 경계하고 있다. 마지막으로 이런 식으로 개성을 무시하는 문화는 결코 고급문화가 아니라는 점을 지적하고 있다. 이런 내용을 자세히 들여다보면 일본이 바꾼 행정 구역 이름에 대해서 정면으로 비판하면서 나찌즘과 동일시시킨 것은 일본 정책에 대한 통렬한 반기이다. 이런 내용이 검열을 피한 것은 '소설「장마」에서 내용을 다양한 풍경으로 전개를 해서 검열관의 시선을 피할 수 있었던 것'으로 보인다. 상허 이태준 선생의 비판적 시각은 여기에 머무르지 않고 중학교 시절 동창 강군의 입을 빌려 일제 강점기 통치 중심점이라고 할 수 있는 조선총독부를 비판하고 있다는 것을 눈여겨볼 필요가 있다.

"잘 팔리면 오십만 원쯤은 무려할 걸세. 난 본부에 들어가서두 막 뻗히네."
하는 것이다.

"본부라니?"

나는 간부와 대립되는 본부는 아닐 줄 아나 그것도 무엇인지 몰랐다.

"허 이사람 서울 헛있네, 그려 본불 몰라? 총독불!"

하고 사뭇 무안을 준다. 그리고 자기는 정무총감한테 가서도 하고 픈 말은 다 한다고 하면서 간사지란, 지도에도 바다로 들어가는 것인데 그것을 훌륭한 전답지로 만들어 놓았으니 국토를 늘려논 셈 아닌가 하면서,

"안 해 그렇지 군수 하나쯤이야 운동하면 여반장이지."

- 《서음출판사》, 「장마」, 1988년

위의 내용을 보면 이태준의 중학교 동창인 강군이 '일본 총독부에 들어가서 자기 마음대로 부릴 수 있다는 능력을 자랑'하고 있다. 또 총독부 정무총감한테 자신의 뜻을 마음대로 전할 수 있다는 것을 이야기하고 있다. 이런 묘사를 한 것은 당시 일본 총독부가 지인관계에 따라서 간석지가 만들어질 정도로 무능한 기관이었다는 점을 비난하고 있는 것이다.

거기에다가 강군이 군수 자리쯤은 손바닥 뒤집는 것처럼 쉽다는 말을 하는 것은 총독부 안에서 매관매직이 성행했음을 지적하고 있는 것이다. 이태준 작품 「삼월」에서 대학 졸업반인 주인공 창서가 군수가 될 것이라는 부모의 기대가 그려지고 있다. 그러나 현실은 대학 졸업 후에 군수가 되는 일을 불가능한 일이다. 그런 상황적 갈등을 생각해 보면 「장마」에서 군수 이야기가 등장한 것은 일본 총독부의 모순을 질타하고 있는 것이다.

3. 「장마」에 등장하는 文人들 모습

이태준의 작품 「장마」에서 주인공은 '성북동 - 조선 총독부 - 종로《조선중앙일보사》-《조광사》-낙랑 다방 -한도 서점'으로 이동을 하면서 이야기를 전개하고 있다. 그 부분에서《조선중앙일보사》,《조광사》에서 만난 문인들 내용을 소개해 보면 다음과 같다.

선미(禪味) 다분한 여수(麗水)가 사회부장자리에서 강도나 강간기사 제목에 눈쌀만 찌푸리고 앉았는 것은 아무리 보아도 비극이다. 동아에선 빙허(憑虛)가 또 그 자리에서 썩는 지 오래다. 수주(樹洲)같은 이가 부인잡지에서 세월을 보내게 한다.
"이렇게 까지들 사람을 모르나?"
좋게 말하자면 사원들의 재능을 만점으로 가장 효과적이게 착취할 줄들을 모른다. 내가 한번 신문, 잡지사의 주권자가 된다면, 인재 배치에만은 지금 어느 그들보다 우월하겠다는 자신에서 공연히 썩는 이들을 위해, 또 그 잡지 그 신문을 위해 비분해 본다.
-《서음출판사》, 「장마」, 1988년

위에 등장하는 인물 중에서 가장 첫 번째로 등장하는 인물이 여수(麗水)이다. 본명은 박팔양(朴八陽, 1905년 8월 2일 ~ 1988년 10월 4일)이고 빙허는 현진건, 수주는 변영로이다. 이들이 자기 성격과는 맞지 않는 자리에 있어서 이태준은 불만이 높다. 자신이 사장이라면 인물에 맞는 자리를 배치해서 능률을 극대화할 수 있다는 자신감을 보이고 있다. 이런 글을 쓴 것을 보면 당대를 울리는 순수문학 대표 주자였던 이태준이 내면에는 현실에 직접 참여해 보고 싶다는 잠재의식이 있다는 것을 알 수 있다. 그런 생각이 자신의 경제적 후원자였던 김연만을 설득해《문장》지를 창간하게 만들었다는 판단이다.

(조광사에서) 노산(鷺山)은 전화로 맞추고 가기 전에는 자리에 없기가 일쑤요, 일보(一步)는 직접 편집에 양적으로 바쁜이요, 석영(夕影)은 삽화 그리기에 한참씩 눈을 찌푸리고 빈 종이만 내려다보아, 얼른 보기엔 한가한 듯하나 질적으로 바쁜이다.

-《서음출판사》,「장마」, 1988년

작품「장마」에서는 주인공이《조광사》를 들리지 않고 예전에 보았던 모습을 상상하며 쓴 글이다. 이 부분에서는《조광사》에 모습을 상상한 것이다. 노산 이은상, 일보 최재서, 석영 안석주 등이 등장을 한다. 이들은《조광사》에서 편집을 이끌어 가는 문인들로 항상 바빠서 제대로 대화조차 못하는 상황이다. 그래서 상허 이태준 선생은 직접 들리지 않고 생각으로 표현을 한 것으로 판단되고 있다.

4.「장마」에 등장하는 다방 '낙랑'

이태준은 1929년《별건곤》(別乾坤) 신년호 글에서 미래에는 끽다점(喫茶店:차나 음료 따위를 파는 가게) 거리가 번져 끽다도락이 유행할 것을 예측한다. 그것은 일본 유학에서 얻은 경험을 바탕으로 미래를 바라 본 글이었다. 이후 조선에는 수많은 다방이 등장하고 있다. 심지어 제과점에서도 다방을 겸하기도 했다. 작품「장마」에서도 오랜만에 서울 중심지로 나들이해서 일을 마친 다음 자연스럽게 다방 '낙랑'을 방문한다. 그런 모습을 작품에서는 이렇게 묘사하고 있다.

바로 낙랑으로 가니, 웬일인지 유성기 소리가 나지 않는다… 들어가 구석 자리 하나를 차지하고 앉는다. 불쾌하다. 내가 들어설 때 쳐다보던 사람들은 모두 낙랑 때가 묻은 사람들이다. 인사는 서로 하진 않아도 낙랑에 오면 흔히는 만나는 얼굴들이다.
-《서음출판사》,「장마」, 1988년

우리나라에 다방이 들어선 것은 개항 이후 커피와 홍차 등이 보급되고 이런 것들을 파는 곳이 시초가 되었다. 조선 최초 근대적 다방은 인천의 대불호텔에 부속된 다방이었을 것으로 추정되고 서울 최초는 1902년 독일계 러시아인 손탁(孫澤, Antoinette Sontag)이 정동에 지은 손탁호텔의 다방이다. 조선이 일본에 합병된 1910년 이후에는 일본인들이 돈을 벌기 위해 1913년 남대문역에 '남대문역 다방'이 문을 열면서 많은 다방이 개업을 한다.

조선인은 1927년 우리나라 최초의 영화감독으로「춘희」「장한몽」등의 영화를 제작했던 이경손(李慶孫)이 관훈동 입구에 '카카듀'라는 다방을 개업했다. 1928년에는 배우 복혜숙이 종로에 '비너스' 1929년 11월 3일 광주학생운동이 일어나던 날 종로

2가 조선중앙기독교청년회(YMCA) 회관 근처에 배우 김용규(金龍圭)와 심영(沈影)이 '멕시코'다방을 개업했다.

1930년대 들어서면서는 부터는 '뽄 아미', 대한문 부근에 '낙랑팔라'가 문을 열었는데 이곳이 작품 「장마」에 등장을 하고 있다. 당시 다방은 수도 많았고, 장치나 음악도 고급화된 것이 특징이었다. 특히 '낙랑파라(樂浪 parlou)'는 동경미술교출신(東京美術校出身) 이순석(李舜石) 씨가 운영을 했고 건축은 이상 시인이 맡아서 설계를 한 것으로 알려지고 있다. 이 다방은 차와 과일을 팔았고 연주회와 문학 행사를 개최하면서 나름대로 명성을 얻고 있었는데 《삼천리》,(1933.10)에 다음과 같이 소개되어 있을 정도였다.

> 대한문 앞호로 고색창연한 녯 궁궐을 끼고 조선호텔 잇는 곳으로 오다가 장곡천정 초입에 양제 2층의 소쇄한 집 한 채가 잇다. (…) 이것이 「낙랑(樂浪)파라」다. 서울 안에 잇는 화가, 음악가, 문인들이 가장 만히 모히고 그리고 명곡연주회도 매주 두어번 열니고 문호 「꾀-테」의 밤 가튼 회합도 각금 열니는 곳이다. 이 집에서는 맛난 틔(茶)와 「케-크」「푸룻」등을 판다.
> －《삼천리》, 1933년

이렇게 1930년대 다방이 성업을 했던 것은 우선 일본 유학을 하면서 다방을 경험한 사람들의 요구가 강했고 자의식을 잃어버린 식민지 청년들과 예술가들이 세상을 잊고자 하는 마음이 강하게 작용한 것도 있다. 또한 고급 음악이나 문화행사를 접

할 수 없었던 당시 상황에서 공감대 형성과 정보교류 등을 할 수 있는 곳이 다방이 유일했기 때문으로 판단된다.

당시 다방 '낙랑'은 널마루 위에 톱밥을 깔아 사막의 아라비아인들이 한 잔의 차로 외로운 여정을 쉬듯 자못 이국적 정취를 느끼게 했다. 처음에는 일본인들이 자주 들렀지만 점차 조선의 예술가들이 아지트가 되었다. 구체적인 사례를 보자면 언론인 홍종인은 아침마다 들렀고, 이화여전을 갓 나온 모윤숙도 자주 들렀으며 고등룸펜인 이상과 박태원, 이태준, 이여성, 김소운 등이 단골로 알려지고 있다.

금요일은 명곡 감상의 날로 빅타 레코드의 신작 연주가 있었고 겨울에는 붉게 달아오른 난로 주변에서 러시아의 볼가강 노래를 들으며 뜨거운 밀크 커피를 음미하는 낭만도 있었다. 특히 1933년 3월엔 문인들이 괴테의 백 년 제(祭), 8월엔 투루게네프의 오십 년 제(祭)를 열어 대문호를 기리며 명작품을 낭송한 것은 식민지 시대 예술가들에게는 현실을 잊는 방법이기도 했었다.

소설가 구보 박태원과 시인 이상과 자주 이 다방에서 어울렸는데 1936년 1월 16일은 '낙랑파라'(낙랑의 원래 이름)의 창밖으로 펄펄 눈이 내리고 있었다. 구보 박태원은 부인이 동대문 부인병원에서 산통을 견디며 출산 중이었음에도 이상과 같이 있었다. 이상과 '낙랑'에서 죽치던 구보는 출산이 궁금해서 병원으로 전화를 걸었는데 첫 딸을 낳았다는 소식을 듣는다. 이에 구보는 눈 오는 날에 태어났다며 '설영(雪英)'으로 이름 지었다는 이야기는 후세 문인들에게 전해지고 있는 비사이다.

이렇게 한때 세상을 주름잡던 '낙랑파라'도 운영난을 이기지 못하고(2,000원 투자, 매상 300원, 원가 및 잡비 200원) 배우 김연실에게 넘어간다. 김연실은 상호에서 '파라'를 떼고 '낙랑'으로 개명하면서 화가들의 만남 장소가 되기도 했었다. 당시 '낙랑'에 자주 갔었던 화가 장우성의 뒷말에 의하면 이순석이 경영할 때는 여자종업원은 없는 대신 12~13세의 미소년 두 명이 차를 서빙했다고 한다. 또한 뮤직 플레이 담당은 변동욱(이상 시인의 부인이었던 변동림의 오빠)이란 문학가가 했었다고 한다.

낙랑에서는 상허 이태준 선생이 리더로 있던 '구인회' 모임도 가졌고 여러 문학 행사도 주최한 것으로 알려지고 있다. 당시 구인회 멤버였던 이상 시인은 자신이 설계한 '제비'라는 다방을 개업하고 부인 금홍과 영업을 했는데 얼마가지 않아 문을 닫고 말았다고 한다.

'낙랑 파라'를 운영한 주인 화가 이순석(李順石, 1905 ~ 1986)은 앞에서 언급한 것과 같이 '여자 종업원 대신 12~13세의 미소년 두 명이 차를 서빙'한 것으로 알려지고 있다. 젊은 여자를 종업원으로 채용했다면 매상이 많이 올랐을 것(?) 같은데 미소년으로 한 것은 독특한 운영 방식으로 보인다. 이 미소년 종업원들과 이태준의 대화는 작품 「장마」에 등장한다.

나는 심부름하는 애를 불렀다.
"너 이층에 올라가 주인 좀 내려 오래라."
"아직 안 일어 나셨나 분데요."
"지금 몇 신데 가서 깨워라."
"누구시라고 여쭐까요?"
"글세 그냥 가 깨워라 괜찮다."
하고 우기니깐, 그 애는 올라간다.

-《서음출판사》,「장마」, 1988년

인용된 내용을 보면 이태준 선생이 종업원에게 '심부름하는 애'라고 표현하고 있다. 통상 다방 종업원이라면 20대 남짓한 사람이라서 '애보다는 군'이라는 호칭이 어울릴 텐데 그렇게 하지 않은 것은 아이라는 것을 증명하고 있다. 그리고 한낮인데 그림 작업실로 쓰는 2층에 올라가서 주인 좀 내려오라고 하는 것을 보면 경영에는 관심이 없는 사람이라는 것을 보여주고 있다. 그렇다면 '낙랑 파라' 주인 이순석은 어떤 연유로 이태준 선생과 인연이 있고 다방을 운영하게 된 사연이 무엇인지 궁금해지는데 다음과 같이 설명되어 있다.

주인은 나와 동경시대에 사귄 '눈물의 기사' 이군 (李君)이다.
눈물에 천재가 있어 공연한 일에도,
"아하!"
하고 감탄만 한번 하면 곧 눈에는 눈물이 차버리는 친구로 밤낮 찻집에 다니기를 좋아하더니 나와서도 화신상회에서 꽤 고급을 주는 것도 미술가를 이해해주지 못한다는 불평으로 이내 그만두고 이

낙랑을 채려놓은 것이다.

-《서음출판사》,「장마」, 1988년

낙랑 파라 주인 이순석은 상허 이태준 선생이 동경 유학 시절 알고 지내던 사이로 오랜 인연이 있었다는 것을 알 수 있다. 감탄만 해도 눈물이 차는 예술가적 감성이 풍부했던 사람으로 화신백화점 광고 선전과장으로 근무를 했다. 급여를 상당히 주는 것에도 '미술가를 이해하지 못한다.'는 이유로 사직을 하고 '낙랑 파라'를 차린 것으로 유명하다.

이태준이 「장마」를 발표할 당시 커피의 가격을 '1938년 채만식이 쓴 「조선문단의 황금시대」-다방 커피, 홍차한 잔 -15전'으로 기록 되어 있다. 당시 물가와 비교를 해보면 아래와 같이 조사 되고 있다.

-전차삯 : 10전
-신문소설 원고료 1회분 : 20원
-잡지 원고료 400자, 1매 : 5원
-1933년 3월 구인회,《시와 소설》잡지 월간지(45쪽)책값 : 40전
-1933년 11월 조선중앙일보 자매지《중앙》잡지, 월간지(4.6배판 150면 내외) : 15전
-설렁탕, 비빔밥, 냉면 : 10전(조용만,「경성야화」)
-1941년 이태준, 수필집 출판당시 : 2원

당시의 커피 가격이 설렁탕, 비빔밥, 냉면보다 더 비쌌다는 것은 일반인들을 출입을 할 수 없을 정도로 비쌌다는 것을 알

수 있다. 이렇게 비싼 다방에 문학인들이 자주 이용했다는 것은 무엇인가 특별한 요소가 있어야 한다. 그런 분위기를 잘 표현한 작가가 이효석으로 그의 작품「낙랑다방기」에는 재즈 바를 차렸던 무라카미 하루키가 작품 속에 재즈와 클래식을 곧잘 등장시킨 것처럼 음악이 단골로 등장한다.

　차 한 잔을 분부하고 3, 40분 동안 앉아 있노라면 웬만한 교향악 한 편쯤은 완전히 들을 수 있다. 차이코프스키 '파세틱'도 좋고, 베토벤의 트리오 '대공'(大公)같은 것도 알맞은 시간에 끝난다. 대곡이 너무 세찰 때에는 하와이안 멜로디도 좋은 것이며 재즈 음악도 반드시 경멸할 것은 못된다.

-《박문》,「낙랑다방기」, 1938년

　위의 글은 1934년부터 평양 숭실전문에서 학생을 가르치던 이효석은 평양 음악다방을 순례하면서 쓴 것으로 '학생들 눈치 안 보고 다방에 드나들 수 있는 날을 고대한다.'고 쓰고 있다. 참고적으로 이상 시인이 운영하던 다방'낙랑'에 대해서 알아보면 사람들이 유유상종하듯이 모이는 곳이 끽다점 즉 다방이었다. 그런 다방은 문인 또는 예술인들에게는 현실 도피처이면서 같은 생각을 공유하는 아지트와 같은 역할을 했을 것이다. 그런 장소에서 세상 시름을 잊기 위한 음악이 들리고 문학 행사가 열리는 것은 지금으로 표현하자면 '일제 식민지에서 벗어난 해방구' 역할이라는 판단이다. 그런 의미에서 본다면 우리 문학과 다방은 서로 깊은 연관이 있어 보인다. 그 대표적인 것이 이상 시인이 운영했던 다방 '제비'일 것이다. 이태준 선생에게는 '구인회' 모임 장소로 이용 되었던 것으로 널리 알려진 장소이다.

5. 자유연애 사상의 그늘

　전통 유교 국가 이념 아래서 벌어졌던 남녀 차별이 공식적으로 철폐된 것이 고종 31년 1984년 갑오개혁이다. 그 제도가 이 땅에 뿌리내린 것은 오랜 세월이 흐른 뒤였다. 당시 유행했던 조혼제도는 남녀 차별 철폐와 상관없이 지속되었다. 상허 이태준 선생만 하더라도 함경도 배기미에서 어머니마저 폐결핵으로 사망을 하자 8살밖에 안 된 것을 17살짜리 '서분네'라는 처녀에게 혼인을 시킬 생각을 가질 정도였다. 만약 혼인을 했다면 상허 이태준 선생은 함경도 배기미에서 강원도집이라는 음식점을 운영하는 사람이 되었을 것이다. 이런 식으로 철모르는 아이들을 결혼이라는 굴레를 씌운 것은 결국 성장해서 문제가 발생할 수밖에 없는 사회적 구조였다. 특히 개화 이후 '자유연애 사상'이 들어오면서 조선 사회는 각종 문제가 발생하는 환경이 만들어졌다. 작품 「장마」에서도 자유연애 사상 후유증을 보여 주는 내용이 있어서 소개를 해 보고자 한다.

　한번은 밤에 들렀더니 이층에 있는 자기 방으로 끌고 가서, 자기가 연애를 하는 중이라고 말하였다. 상대자는 서울 청년들이 누구나 우러러보지 않는 사람이 없는 평판 높은 미인인데, 그 모두 쳐다만 보는 높은 들창의 열쇠를 차지한 행운의 사나이는 자기란 것과…그리고는

"자네 알다시피 내겐 처자식이 있지 않나? 이를 어쩌면 좋은가?"
-《서음출판사》,「장마」, 1988년

위의 내용은 낙랑다방 주인 이순석 씨가 이태준에게 자문을 구하는 부분이다. 자신과 연애하는 여자는 평판이 높은 미인으로 다른 서울 청년을 물리치고 차지를 했는데 문제는 처자식이 있다는 하소연을 하는 상황이다. 낙랑다방 주인은 일본에서 미술 디자인을 전공한 엘리트로 다른 여자를 만나고 있는데 처자식이 걸린다는 것인데 이 문제는 조혼제도가 낳은 우리 사회의 자화상이었다. 1930~40년대 소설을 보면 어린 나이에 결혼을 한 사람들이 성장을 해서 사회에 진출을 하고 나서 다른 여자를 만나는 심리적 갈등이 주제가 되고 있다는 점은 당시 시대상을 반영하고 있다는 판단이다. 그런 대표적인 사례가 이태준이 1927년 8월《현대평론》에 기고한「도향생각 몇 가지」라고 할 수 있다. 이 글의 주인공은 나도향 소설가로 할아버지 주도로 결혼을 한 뒤에 의사의 권유에 반발해서 일본으로 도피성 유학을 해서 'C'라는 여자를 지독하게 짝사랑하다가 폐병으로 귀국해서 요절한다. 당시 나도향은 엄연히 결혼한 몸임에도 C라는 여자에게 'C의 생각만은 병보다 골수에 깊이 들었다'할 정도로 연애 감정이 지배를 하고 있었다. 이런 경험을 겪은 상허 이태준 선생은 낙랑 다방 주인이 '이를 어쩌면 좋은가?' 물었을 때 다음과 같이 대답을 한다.

"단념해 보게."/하였다./"어느 편을 ?"/하고 그의 눈은 최대 한도의 시력을 내었다./"연인을."/하니,/"건 죽어도 …….."/하였다./

"그럼 연애를 그대로 하게나."/하였더니,/"아낸 그냥 두구 말이지?"/한다./

-《서음출판사》,「장마」, 1988년

위의 글을 보면 이태준이 원칙론자라는 것을 알 수 있다. 우선 연인을 단념하라고 권했는데 낙랑다방 주인은 연인과 아내 사이에서 선택을 하지 못하고 있는 모습을 보인다. 이런 모습은 당시 자유연애 사상에 빠졌던 남자들의 전형적인 모습이라고 할 수 있다. 현실과 이상 사이에서 결단을 내리지 못하고 우물쭈물하는 상황을 잘 보여주고 있다. 낙랑다방 주인은 결국 연애를 포기하면서 자신의 손을 자르는 단지(斷指)를 하고 사업을 정리하고 일본 유학을 떠난 것으로 알려지고 있다.

자유연애 사상은 시대에 뒤떨어진 조혼 제도에 대한 반동일 수도 있지만 그런 사상이 만연하게 된 것은 경제적으로 빈부의 격차가 큰 것도 한 몫을 했다. 옛날에는 농사를 지어서 먹고 사는 문제만 해결하면 되었지만 세상이 변하면서 각종 비용 지출이 늘어나 경제력이 경쟁력이 되는 세상을 맛보게 된다. 많은 사람들이 돈을 벌려는 욕구가 높아지면서 조선 반도에는 일확천금을 기대하는 상황이 벌어지게 된다. 그 대표적인 사례가 '금광 열풍'과 '간석지 투기'였는데 작품「장마」에서는 그런 사례를 도입을 하면서 비판적 시선을 다음과 같이 보이고 있다.

중학 때 한반이었던 사람이다…/레인코트를 벗는 것을 보니 양복 저고리 에리에는 일장기 빠지를 척 꽂았다. 자리를 정하고 앉더니

그는 그 일장기 꽂힌 옷깃을 가다듬고,

"그간 자네 가쓰야꾸부리는 신문잡지에서 늘 봤지."/하였고, 다음에는,/"그래 돈 줄 잡았나?"/하는 것이다.

"돈?"/하고 나는 여러 가지 의미의 고소를 그에게 주었다. 그리고,/"자넨 좀 붙들었나?"/물었더니,/"글세 낚시는 몇 개 당겨났네만……."

"나 그간 저어 황해도 어느 해변에 가 간사지 사업 좀 했네."/"간사지라니?".../조수가 들락들락하는 넓은 벌판을 변두리를 막아 다시는 조수가 못 들어오게 하고 그 땅을 개간한다는 것이다./"한 사오십 정보 맨들어놨네."/"잘 팔리면 오십만 원쯤은 무려할 걸세. 난 본부에 들어가서두 막 뻗히네."/"본부라니?"/"허 이사람 서울 헛있네 그려 본불 몰라? 총독불!"

-《서음출판사》,「장마」, 1988년

이태준이 일한서방(一韓書房)에 들렸다가 휘문고보 친구를 만나서 주고받는 이야기를 주제로 풀어내고 있다. 친구는 양복깃(일본말로 에리)에 일장기 뱃지를 꽂은 사람으로 그것을 자랑으로 여기고 있는 모습을 '일장기 달린 옷깃을 가다듬고,'로 표현하고 있다. 즉 일본에 붙어서 자신의 이익을 챙기는 사람으로 묘사를 하고 있다. 이태준은 인물의 성격을 직접적으로 표현하기 보다는 그림 그리듯 정확히 묘사를 함으로서 독자들이 이해를 쉽게 하도록 하는 장점을 보이는 작가이다. 따라서 위에 인용한 글을 보면 '친일파 - 돈줄 목적 - 사전에 정보 입수 - 간석지 투기 - 사오십 정보(50정보는 15만평) - 총독부에서도 힘을 쓰는 위치'라는 전형적인 투기꾼의 모습을 보여주고 있다.

총독부에 가서도 힘을 막 뻗을 수 있는 대단한 사람이라는 것을 과시하고 있는 상황은 말만 번지르르한 허풍쟁이라는 것을 짐작하게 만든다.

이렇게 힘도 있고 배경도 있으면서 앞으로 돈도 50만 원 쯤 생기는 미래의 갑부가 찾는 것은 자신의 무지함의 보상 심리라고 할 수 있는 많이 배운 여자인 것은 속물의 전형일 것이다. 참고로 일제시대 50만 원은 다음과 같은 가치가 있다.

＊ 참고 : 50만 원
1911년 《시사신보(時事新報)》는 50만 원 이상의 거부(巨富)가 32명이라고 보도했다. 당시 쌀 한 섬이 3원이니 지금 가치로 600억~700억쯤 될 것이다.

"여보게?"/"자네 여학교에 관계한다데 그려?"/"좀 허지."/"나 장개 좀 들여주게."
"이 사람 친구 호사 한번 시키게나 그러? 농담이 아니라 진담일세. 나 지금 독신일세."
"여잔 암만해두 인물부터 좀 있어야겠네 ……자넨 어떻게 생각하나?"
"자넨 문학가니까 연애나 결혼이나 그런 방면에 나보다 대갈 줄 아네. 자네가 간택한 여자라면 난 무조건하고 승복할테니 아예 농담으로 듣지만 말게 ……"
'내 어려운 살림은 안 시킬 걸세.'

—《서음출판사》, 「장마」, 1988년

단편 「장마」에서는 여러 이야기들이 폭우가 온 뒤에 사방팔방에서 물이 흘러오듯 많은 이야기들이 나오고 있다. 평소에 깔끔한 문장과 이미지를 즐겨 쓰던 이태준 소설가가 한꺼번에 많은 물건을 우겨넣은 것 같이 산만한 느낌으로 이야기를 전개한 것은 '부동산 투기꾼들과 특별한 관계가 있는 총독부를 비꼬기 위한 목적'으로 판단된다. 당시 엄정함을 내세웠던 총독부도 돈이라는 요물로 부릴 수 있다는 속물 단체였다는 점을 비난하고 있다는 것은 작가로서 용기가 필요했다는 판단이다.

6. 나가는 말

많은 평론가와 작가들이 이태준을 단편소설의 완성자로 평가를 한다. 작가로서는 큰 영광인 이런 호칭을 얻을 수 있었던 근원은 무엇일까? 그것은 이태준의 소설은 과학적 관찰을 바탕으로 이야기가 전개되는 특징이 있다. 이 기법에 대해 미술 평론가는 '그림을 그리듯이 표현하는 미학이 있다.'라는 극찬을 하고 있기도 하다. 이런 방식으로 창작된 소설들은 1930년대 들어서면서 문단에는 '혜성처럼 등장한 천재'라는 찬사 속에서 주목을 받게 된다. 단편 「장마」도 이렇게 이태준 위상을 높여준 작품 중의 하나일 것이다. 독자들은 작품에 등장하는 옛 문인들 모습, 천재 시인 이상과 금홍이와의 관계가 등장하는 '다방'에 관심과 흥미를 느낄 것이다. 그리고 작품 말미에 자신의 소설집을 철원에서 학교를 같이 다닌 친구 학순이에게 보내는 것으로 끝을 맺고 있다. 언뜻 보기에는 평범한 소설로 보이지만 실제로 이태준은 일제 강점기 문화를 비판하고 있다. 조선의 고유 지명을 일본식으로 바꾼 것을 '저급문화' '나치스식 문화'라고 혹평을 한 것과 조선인들에게는 하늘을 나는 새들도 떨어트리는 권력을 가진 것으로 생각되는 조선 총독부의 비리를 같이 다녔던 중학생 동창을 통해 언급하고 있다. 당시 서슬이 퍼랬던 일제의 검열을 어떻게 피했는지 모르지만 적어도 이태준은 당시의 사회를 적나라하게 고발하는 것을 두려워했던 작가는 아니었다는 것을 「장마」에서 보여 주고 있다.

V 친일을 경계하며 반일을 선택한 이태준

1. 시작하는 말
2. 태생적 요인
3. 일본 유학 시절 쓴 시에서 드러낸 반일 정신
4. 첫 직장 《개벽》사는 항일 운동의 본산
5. 일본어로 《국민문학》에 발표한 소설
6. 나가는 말

Ⅴ 친일을 경계하며 반일을 선택한 이태준

1. 시작하는 말

　일제 강점기를 끝내고 맞이한 해방은 우리에게 많은 것을 가져다주었다. 우선 잃어버린 국권을 회복한 것이 가장 감격적인 일이었다. 그럼에도 아쉬운 것은 우리 힘으로 이루어진 광복이 아니라 강대국의 힘을 빌렸다는 사실이다. 특히 한반도는 미국, 소련, 중국, 일본 세계 4대 강대국의 이해타산이 역사적으로나 지역적으로 얽혀 있었기 때문에 그들에게는 전리품에 불과하다는 인식이 강했다. 그들에게는 한반도가 어느 한쪽의 전유물이 되어서는 안 된다는 판단을 내리고 헤게모니 경쟁을 하는 상황이 벌어졌다. 그 결과는 미국과 소련이 조선 반도 38선으로 나누어 지배를 하는 것으로 결정되었다. 해방 당시 38선에 대한 인식은 분단선이 아니었다. 당시 현황을 기록한 문서를 보면 38선은 일본을 몰아내는 필요한 과정으로 인식되었다. 지금 생각해 보면 현실 인식 부족이었지만 해방 감격을 맞이한 우리에게는 일제를 몰아내야 한다는 공감대와 복수심이 앞서 있었다. 문제는 그런 생각에 일치가 되지 않았다는 점이다. 당시 남쪽의 지도자들은 친일은 아니지만 무작정 배척하기 보다는 그것을 적당히 활용하다가 상황이 안정된 뒤에 정리해야 한다는 유보적 입장도 있었다. 이런 두 개의 상황인식은 광복 초기에는 암중모색하거나 이합집산을 하다가 시간이 지나면서 좌익 우익으로 양분되는 단초를 제공했다. 이태준은 이 두 개의 담론 안에서 어느 작가들보다 분명한 반일노선 입장에 있었다. 이태준의 해방 이후 행적을 보면 친일파에 경계를 하고 있고 중편 「해방전후」에는 일제의 강압 정책에 방관하거나 비판적 시각을 보이고 있다. 이런 점을 보면 우리 문단에서는 이태준 작가의 반일 정신에 대해서 소홀히 하고 있다는 아쉬움이 있다. 이에 본고에서는 이태준의 성장 과정에서 보이는 항일 의식과 그가 쓴 작품을 통해서 분석하는 지면을 마련해 보았다.

2. 태생적 요인

이태준의 아버지 이창하는 개화파 지식이었다. 그는 덕원 감리와 김화 군수를 지냈으나 새로운 문물을 배우기 위해 일본 유학에 나선 사람이었다. 귀국 후에는 의병들에게 잡혀서 죽음의 문턱을 넘나드는 폭행을 당하였고 이후 몸을 추스른 뒤에는 미련 없이 전 가족을 데리고 소련 블라디보스톡으로 망명을 했다. 그가 망명한 이유는 '일본의 세력이 미치지 않는 곳에서 동지들과 새로운 나라를 세우는 꿈'을 실현하기 위해서였다. 이창하가 염두에 둔 곳은 조선 영토라고 판단한 북간도였다. 그런 원대한 꿈은 의병들에게 당한 상처가 도져서 급서를 하는 바람에 실현되지 못했다. 그것을 지켜보았던 이태준에게 일본은 극복 대상이었다는 것을 부정할 수 없다. 이태준의 작품 곳곳에서 보이는 반일 정서는 아버지에게 물려받은 태생적 요인이었다는 것을 부정할 수 없다. 이태준의 반일 시각이 확실하게 드러난 것이 해방 정국에서 좌익 우익으로 대립하던 시기에 다음과 같이 드러난다.

이태준이 발언한 말로써, "일본놈 때도 출세를 하고 해방되어서도 또 선두에 서려 하다니, …이럴 수 있느냐"고 하면서 그런 분자들을 빼지 않으면 자기네는 이 준비위에 참석할 수 없다고 잘라서 말하였다. 그리고 면전에서 Y씨와 L씨가 지적되었다. 그때 Y씨가 한 말이 "정치인들에 비기면 우리 문학인들의 한 일은 아무것도 아닙니다. 그러나 다들 의사가 그렇다면 물러나지요."하고 퇴장하겠다는 의사를 표시했다. 내가 보기에는 그때 난처한 자리에 선 사람은 임화라고 보았다. Y씨더러 하는 말이 "따지고 보면 누구나 다 허물없는 사람이 있겠소마는 이렇게 이야기가 되고 보니 얼마동안 좀 있다가 다시 같이 일할 기회를 봅시다"하고 어물어물하는 타협안을 제시하였다. 하여튼 그렇게 하여서 Y씨와 L씨 두 사람이 퇴장을 하고 돌아갔다.

-《박영사》, 『문학자서전 후편』, 백철, 1975년

위의 글은 이태준이 왜 좌익 문학단체를 선택했는지를 단적으로 보여주는 증거이다. 이태준은 일제 강점기에 친일로 득세를 했던 사람들을 노골적으로 반대를 했다. 자신은 그런 사람들 하고 같이 일을 할 수 없다는 분명한 원칙을 세우고 있다. 이런 상황에 곤란해진 것이 친일파를 데리고 온 임화 시인이었다는 점에서 보면 다음과 같은 차이가 있다.

* 임화 – 친일 문인이라도 합류시켜서 세력 확산
* 이태준 – 친일 문인 배척하는 원칙론자

인용한 내용을 보면 이태준은 해방 정국을 친일파를 청산하는 기회로 보았는데 당시 세력 확산에 목적을 갖고 '친일파 나중에 청산'을 주장했던 정치인들이나 문인과는 차별되는 작가였다는 것을 알 수 있다. 이런 반일 정신은 오랜 기간 구축된 것이라는 사실을 확인해 주는 것이 그가 쓴 작품이라는 판단이다.

3. 일본 유학 시절 쓴 시에서 드러낸 반일 정신

이태준의 고단한 문학 여정과 반일 정서는 일본 동경 유학 시절에서 출발하였다. 1925년 《조선문단》에 투고한 단편 「오몽녀」가 《시대일보》에 실리면서 작가로 첫발을 내딛었다. 많은 사람들이 이런 사실에 주목을 하고 있지만 이태준이 그 시기에 쓴 시에 대해서는 언급조차 되지 않고 있다. 이태준은 1926년 《학지광》(1914년 도쿄(東京) 유학생 학우회에서 창간한 잡지)에 詩「묘지에서」外 1편을 발표했었다. 그 시의 내용을 보면

잔을 같이 기울이는 친구들도 있겠고/살을 서로 겨누는 원수들도 있으리/그러나 그대들은 기억하지 안토다
그대들의 아내나 아들이 와서/정성껏 흘리는 눈물이라도/그것이

그대들을 움직일 수 없거든/그러나 한두줄의 비문일가보냐
　　봄새는 노래하고 흰구름은 떠도네/듣는가 보는가 움직이는가/그대들의 거룩한 잠터에서는/잠꼬대 한마디 들을 수 없네 —3월30일 雜司谷 묘지에서

—《학지광》,「묘지에서」, 1926년

위의 시는 1923년 관동 대지진 당시 억울한 누명을 쓰고 학살당했던 우리 동포들을 애도하면서 쓴 시이다. 그런 사실은 시「묘지에서」언급한 특정한 장소 '잡사곡(雜司谷)묘지'라는 점에 주목할 필요가 있다. 통상 이것저것 섞여 있다는 雜司谷 묘지에서 이태준이 추모한 대상이 누구냐는 의문을 갖게 만든다. 병사한 사람, 교통사고로 죽은 사람, 지진 피해로 죽은 사람, 억울하게 참살당한 사람 등의 무덤이 있을 것이다. 따라서 詩「묘지에서」대상이 특정 계층을 대상으로 하지 않고 공동묘지의 불특정 다수를 주제로 하고 있다는 생각을 할 수 있다. 그러나 시에 등장하는 내용에서 원통함이 느껴지고 슬픔보다는 원망이 배어 있는 것을 보면 특정 부류를 생각하는 작품이라는 것을 간접적으로 느낄 수 있다. 관동 대지진이 일어나자 일본 경찰은 조선인이 '투독(독을 넣었다)', '습격' 했다는 유언비어를 퍼트려 민심의 안정화를 꾀하였고 자경단을 조직해 우리 민족 6,000명에서 8,000명을(비공식적으로는 더 많았다는 증언이 있음) 학살을 하였다. 이런 역사적 사건과 관련해 당시 조선에서는 이런 만행에 대해서 적극 대항하지도 못했고 문학인들도 외면했었다. 일본 유학을 하면서 이런 사실을 확인한 이태준은 시를 통해서 분노를 나타내고 있다. '거룩한 잠터'라는 반어법을

통해서 비꼬고 있으면서 '잠꼬대 한 마디'라는 말을 통해서 억울한 영혼이 편안하게 잠들지 못하고 있다는 것을 질타하고 있다.「묘지에서」가 관동 대지진으로 희생된 사람을 위로하기 위한 것이라는 사실은 같이 발표된 시「지진」을 통해서 구체적으로 드러나고 있다.

　　깊은 밤/어두운 밤/지리한 밤에/땅이 부시시 흔들었다
　　건넛집 창마다 불이 켜졌다/이만큼 준비가 되어 있다는 듯이/건넛집 창마다 불이 켜졌다/흔들면 또 켤 수 있다는 듯이
　　오— 영리한 그대들이여/지금은 잠꼬대 하는 이 괴물이/한번 깨어 몸부림 하고 마는 날/어느 놈이 나서서 智者라 하리/어느 놈이 나서서 強者라 하리

　　　　　　　　　　　　　　　　　　－《학지광》,「지진」, 1926년

위의 시는「묘지에서」의 주제가 된 亡者가 누구인지를 보여주고 있다. 이태준이 추모하는 사람들은 잡사곡에 묻힌 지진 피해자들이라는 것을 말하고 있다. 갑자기 지진이 발생 되었는데 '이만큼 준비가 되어 있다는 듯이'라고 표현한 것은 어떤 사건이 미리 준비되어 있었다는 것을 암시하고 있는데 그것은 평소에 눈엣가시 같은 조선인을 향한 준비가 되어 있었다는 의미로 확대 해석이 가능하다는 생각이다. 더 놀라운 것은 '흔들면 또 켤 수 있다는 듯이'라는 의미는 또 다시 지진이 발생해서 민심이 흉흉해지면 또 그런 일이 생길 수 있다는 암시를 하고 있는 현실을 이야기하고 있는 듯하다. 더 나아가서 아무리 술수를 부리는 사람들이 아무리 획책을 해도 지진을 막을 수 없다

는 자조적인 묘사를 하고 있다. 아무리 똑똑하고 강한 사람이라도 지진 앞에서는 별 볼 일 없는 '놈 팽이'라는 것을 지적하고 있는 것이다. 이것은 아시아의 중심이라고 우쭐대는 일본제국도 한번 깨어 몸부림치는 자연 앞에서는 별 볼일이 없을 것이라는 목소리를 내고 있다. 이것은 「묘지에서」의 억울하게 희생된 조선인 영혼을 대신해서 일본을 조롱하는 시 한 편을 제물로 비치고 있는 듯하다.

4. 첫 직장 《개벽》사는 항일 운동의 본산

작가는 자신의 작품을 발표한 지면을 얻는 것이 아주 중요하다. 그것도 일시적으로 발표하는 것이 아니라 지속성을 갖는 것은 작가가 성장하는 밑거름이 된다. 이것은 작품 발표뿐만 아니라 생계를 이어가는 직업이 된다면 더할 나위 없이 좋은 여건이 된다. 이태준의 경우에는 일본 유학을 생활고 때문에 실패하고 귀국을 했을 때 막막한 상황이었다. 그런 상황을 적나라하게 담은 것이 1931년 4월21일부터 4월 29일까지 《동아일보》에 연재한 단편 「고향」이다. 많은 사람들이 주인공 김윤건이 유학을 실패하고 술집에서 난동을 부려 유치장에 갇히는 것에만 관심을 갖고 있다. 그러나 이 작품에는 일본으로 돈을 벌려고 갔다가 거의 빈손으로 귀국하는 조선 노동자들의 아픔이 담겨 있다. 또 휘문고보 졸업 후에 일본에 빌붙어 사는 군상들에 대한 현실을 노골적으로 보여주고 있다. 이후 직업을 얻기 위해 전전긍긍하는 젊은 시절 아픔이 다음과 같이 그려져 있다.

윤건은 A 신문사를 방문하였다. 사장을 찾으니 수부에서 명함을 달랜다. 명함이 없다 하니까 어데서 온 누구냐고 묻는다. 윤건은 동경에서 왔는데 만나볼 일이 있다고 뻗댔다. 사장을 만나 인사한즉 사장을 찾아온 용건을 물었다. 윤건은 사무적 용건이 아니라 싱거운 꼴만 보이고 나왔다.

B 신문사를 찾아갔다. 이번에는 편집국장을 찾아갔다. 역시 명함 달라는 급사에게 동경에서 왔다고 하고 편집국장을 만나보게 된 바, 편집국장은 방문객의 차림차리가 학생이란 말을 듣고 무슨 기사에 관한 일인 줄 알고 수십 명 직원이 둘러앉은 편집실에 앉은 채 들어오라 하였다. 윤건은 두 번째이니까 좀 나을 줄 알았던 말문이 아까보다도 막혀버렸다. 좌우전후에 둘러앉아 붓만 놀리던 사람들이 힐끗힐끗 쳐다보았다. 윤건은 또 쑥스러운 꼴만 보이고 나오고 말았다.

그 다음날 아침에는 신간회를 찾아갔다. 그러나 그곳에는 명함달 리는 수도 없이 문이 잠겨 있었다. 다시 모모 잡지사를 찾아다녔으 나 '김윤건'이란 가십거리 성명도 못 되기 때문에 한 군데에서도 탐탁하게 응접해주는 데가 없었다.

-《동아일보》, 「고향」, 1931년

위의 내용의 주인공 김윤건은 이태준 자신이다. 그는 직업을 얻으려면 사람을 만나야 한다는 생각으로 무작정 신문사 두 군데를 찾아가지만 아무런 소득을 얻지 못한다. B 신문사의 경우에는 학생복 차림이라 기사 제보인줄 알고 많은 사람들이 모이는 상황이 벌어지는 황당한 사태까지 겪게 된다. 그리고 신간회(1927년~1931년, 민족주의 계열과 사회주의 계열이 손을 잡고 당파를 초월한 조선 유일의 정당 조직)를 방문하고 여러 잡지사를 찾아가 보았으나 한 군데도 탐탁하게 응접을 해 주는 곳이 없을 정도로 취업은 어려운 현실에 직면하게 된다. 여기에다가 더 문제는 주머니 경제 사정이 넉넉하지 못하다는 점이었다. 생활고에 시달려서 귀국을 한 김윤건에게는 다음과 같이 경제적 문제에 시달리게 된다.

'알뜰하게도 좋은 꼴만 보인다… 파고다 공원도 오늘은…' 윤건은 여관으로 돌아왔다. 방에 들어와 보니 손가방이 없어졌다. 윤건은 사환을 불렀다.
"네. 저 이방엔 전에 계시던 손님이 오신 데서 방을 내셔야겠습니다. 다른 방도 나지 않아서. 가방은 사무실에 갖다 줬습니다."
윤건은 눈치를 챘다. 아니나 다를까, 사환애가 쪼르르 사무실로 가서 쑥덕거리더니 가방과 함께 숙박료 2월 60전이란 청구서를 갖다 내놓는 것이었다.
윤건은 '그러면 언제든지 숙박료를 가져오시고 가방을 찾아가십시오' 하는 주인 말대로 다른 방엔 저녁상들이 나오는 것을 보면서 빈손으로 그 여관을 나섰다.

―《동아일보》,「고향」, 1931년

주인공 김윤건은 유학을 실패하고 서울로 돌아왔을 때 주머니에 돈이 몇 푼 없었다. 일단 여관을 정하고 일자리를 찾아서 모교인 휘문고보를 찾아갔지만 동맹휴학 주모자라는 과거의 전력 때문에 학교 교사들과는 껄끄러운 느낌을 벗어날 수 없었다. 그리고 찾아간 신문사에서도 별다른 대책을 마련하지 못하고 여관에 돌아왔다. 방에 있어야할 손가방이 없어서 사환에게 물어보니 숙박료 2원 60전을 내기 전에는 찾아갈 수 없다는 이야기를 듣고 쫓겨나듯 여관에서 나오게 된다. 이후 사회운동가 박철이라는 사람을 찾아가 밥을 얻어먹고 이야기를 하다가 의견이 서로 엇갈리자 김윤건은 솥뚜껑 같은 손으로 그의 뺨을 올려붙이고 나오게 된다. 이후 귀국길에서 알게 된 은행원을 만나 요릿집에 갔다가 술을 이기지 못하고 난동을 부리는 내용으로 단편「고향」이 끝난다. 이 내용을 보면 이태준이 1927년 일본 유학에 실패하고 귀국을 한 후에 취업난에 시달린 것을 알 수 있다. 그 후 3년이 지난 뒤에 1929년 첫직장으로《개벽》사에 입사한 것으로 기록되어 있다. 연보를 보면 이태준은 약 3년 동안 공식적인 직장 없이 보낸 것을 유추할 수 있다. 이태준의 첫 직장이 된《개벽》은 그의 고향인 철원과 특별한 연관이 있었다.

* 《개벽》 – 1920년 6월 25일, 천도교 청년회에서 신문화운동을 바탕으로 조선인의 계몽을 위하여 창간한 천도교 월간 잡지이다. 천도교는 항일운동과 신문화운동을 활발히 전개하던 중, 민족문학 수립과 민족전통 문화유산 확립에 필요한 종합월간지를 발간하기로 하고, '후천 개벽사상'에서 이름을 따 '개벽사'를 창업하고 《개벽》을 발간했다.

철원에는 잡지《개벽》지사가 있었던 자료들이 많다. 1920년대 철원에는 지사가 설립되어 있었고 지사장은 김창윤 씨가 맡고 있었다. 공식 명칭은 '개벽사 철원지사'였고 이태준이 졸업한 철원 용담 봉명학교와 지역 행사에 기부한 것이 다음과 같이 신문 기사로 남아 있다.

* 철원 학우회 기념 창립식 개벽사 철원 분국 3원 기부 -《동아일보》, 1923. 8. 16
* 봉명학교 추계운동회에 개벽사 철원지사 김창윤 참여 -《동아일보》, 1923. 11. 9

위의 내용을 보면 철원에는《개벽》는 지역 사회와 상호 협력을 하고 있었던 것으로 보이며 이런 상황이라면 이태준도 알고 있었을 것으로 예측 된다. 이태준에게 공식적인 첫 직장이 된 것에 어느 정도 영향을 미쳤을 것으로 판단된다. 반일 정신을 내세웠던《개벽》사는 일제에 의해 폐간과 창간을 반복했음에도 다양한 언론 분야에서 사업 영역을 확대하고 있었는데 이태준에게는 작품을 발표 기회를 다음과 같이 제공하게 된다.

* 개벽(開闢)
이태준 발표 작품 -「어둠(우암 노인)」1934년,「전망이라기보다는 주장」1946년,「해방 제2년 문화계 전망」1946년

* 신여성(新女性)

이태준 발표 작품 - 「구원의 여상」 1931년 1~8월호, 「법은 그러치만」 1933년 4월

* 어린이
이태준 발표 작품 - 「어린 수문장」 1928년, 「불상한 소념 미술가」 1929년, 「슬픈 명일 추석」 1929년, 「쓸쓸한 밤길」 1929년, 「불상한 삼형제」 1929년, 「눈물의 입학」 1929년, 「과꽃」 1930년, 「6월의 하누님」 1930년, 「몰라쟁이 엄마」 1930년, 「외로운 아이」 1930년, 「6월과 구름」 1931년, 「슬퍼하는 나무」 1932년

* 별건곤(別乾坤)
이태준 발표 작품 - 「유령과 종로」 1929년, 「신록」 1930년, 「귀뚜라미」 1930년, 「기생 삼월이」 1932년

* 학생(學生)
이태준 발표 작품 - 「행복」 1929년, 「야단 들이다」 1929년, 「추억(중학시대)」 1929년, 「도보 삼천리」 1929년, 「여름」 1929년, 「학생연작소설개관」 1930년, 「학생연작소설개평」 1930년, 「복사꽃」 1930년

* 혜성(彗星)
이태준 발표 작품 - 「결혼의 악마성」 1931년, 「삼월과 인생」 1931년, 「참새 생각」 1932년

* 《농민순보》
이태준은 자신의 고향 철원 용담의 안양골에 살던 화전민 부부의

몰락을 그린 「촌뜨기」 발표

위의 내용을 보면 이태준이 작가로서 성장을 할 수 있도록 발판을 마련해 준 것이 첫 직장 《개벽》이었다는 것을 알 수 있다. 이태준은 어린이 잡지에 관여하고 작품을 발표하면서 작가로서 역량을 키울 수 있었던 것으로 보여진다. 이후 《개벽》이 운영하는 잡지에 발표할 기회를 얻으면서 조선을 대표하는 소설가로 성장할 수 있었던 것으로 판단된다. 또한 자신이 몸담은 잡지가 추구했던 반일 정신을 현장에서 지켜보았던 것이 그의 생애에 영향을 미쳤다는 것을 추측할 수 있다.

5. 일본어로 《국민문학》에 발표한 소설

친일 작가를 판단하는 기준 중에 하나가 '일본어'로 쓴 작품 여부이다. 전후 사정을 파악하지도 않고 무조건 조선 작가가 우리말을 버리고 일본어로 작품을 쓰는 것을 매국 행위라는 판단을 내리는 것은 성급한 오류이다. 그런 논리에 현혹된 독자들도 '일본어로 작품을 쓴 사람 = 친일파'라는 근거 없는 등식을 고정관념화 하고 있다. 이태준이 《국민문학(國民文學)》(통권 38호)에 일본어로 발표한 작품은 1942년 「석양」, 1943년 「大橋(돌다리)」 두 작품이다. 이 작품에는 이태준 작가의 숨겨진 의도가 있는데 우선 총독부 기관지 역할을 하던 《국민문학》에 발표하게 된 사정부터 알아봐야 한다.

이 문예지는 일제의 국책(國策)에 순응하여 1941년 11월 1일자로 창간해서 1945년 2월까지 통권 38호가 발간된 친일 잡지이다. 다른 문예지를 전부 폐간시킨 일제는 이 잡지를 총독부 기관지로 만들어 처음 계획은 일년에 일본어판 4회, 한글판 8회를 낸다고 발표했으나 창간호부터 일문판으로 냈다. 특히 표지에다 크게〈座談會 朝鮮文壇の再出發を語る〉라고 인쇄를 할 정도로 일본어 보급을 위해 앞장섰다. 판권을 보면, 편집 겸 발행인 최재서(崔載瑞 후에 石田耕造로 창씨개명)가 주도적으로 나선 것으로 기록되어 있다. 즉 이태준에게는 조선 유일의 잡지인《국민문학》에 작품을 발표하기 위해서는 어쩔 수 없이 일본어로 써야만 했던 것이다. 그런 점을 탓하기 전에 발표된 작품이 친일이었는지 판단하는 것이 더 중요하다. 자신의 아버지인 이창하가 일본 세력이 완미한 곳에서 동지들과 새로운 나라를 세우기 위해 망명길에 나섰다가 사망한 것을 지켜본 작가 이태준이 일본을 찬양하거나 동조하는 글을 쓰는 것은 불효일 것이다. 또 이태준은 1931년《동아일보》에 발표한 단편「고향」에서 '일본 동경의 밤을 異國의 밤'이라고 표현할 정도로 민족적 자존심이 강한 작가라는 점을 전제로 그 내용을 알아보면 다음과 같다.

가. 작품「석양」에 감추어진 조선의 혼

일본어판 잡지에 일본어로 자신의 작품을 싣는 것은 한국인이라면 자존심 상하는 일이다. 항상 우리말의 소중함을 강조하던 상허 이태준 선생 입장에서는 정말 쓰기 싫은 작품이었을 것이다. 그런 이태준이 《국민문학》에 일본어로 「석양」을 발표한 것에는 특별한 사정이 있을 것이다. 우선 잡지를 운영하고 있는 최재서 작가와는 일본에서 귀국을 해서 어려웠던 시기에 태서 문학전집을 같이 읽는 등 특별한 인연이 있었기 때문에 원고 청탁을 거절할 명분이 없었을 것이다. 그리고 《국민문학》에서 나오는 원고료도 많은 편이라는 점도 현실적으로 반영한 것이라는 생각이 든다. 이런 이유보다는 이태준이 어떤 생각을 가지고 창작을 했느냐가 중요하다. 작가의 양심을 돈에 팔았다면 당연히 비난 받아야 할 것이다. 그게 아니라면 작품 속에서 이태준이 보여 주고 싶었던 정신을 읽으면서 분석하는 것이 필요하다.

단편 「석양」은 나이 든 작가와 한참 나이 어린 여자와 얽히고 엮이는 막장 연애 소설처럼 보인다. 당시의 자유연애 사상을 담은 것을 넘어 김동환 시인이 「웃은 죄」에서 '평양성(平壤城)에 해 안 뜬대두/난 모르오'라고 묘사한 것 같은 파격적인 관계가 등장하고 있다. 당시 가혹한 잣대로 조선 작가 원고를 난도질하던 검열관도 '천하의 이태준도 먹고 살기 위해서 천박한 연애 소설이나 쓰는구나.' '다른 친일파들처럼 일본의 앞잡이가 될 수 있겠구나.'라는 착각을 하기에 적당한 먹잇감으로 보이는 작품이다. 그러나 붓을 꺾고 낙향을 할 정도로 지조가 있던 상허 이태준은 검열관의 판단을 흐리기 위한 미끼였다는 점을 몰랐던 것으로 판단된다.

작품 「석양」은 명백한 '반일 작품'이다. 왜냐하면 작품 안에는 두 가지 큰 메시지가 복선으로 깔려있다. 가장 먼저 소개하고 싶은 것은 '조선의 뿌리 신라 경주' 혼을 다루고 있다는 점에다. 일제 말기에는 조선의 흔적을 지우기 위해 우리말을 사용 금지시켰고 곳곳에 신사를 세워서 천황에 고개 숙이게 만들었다. 그렇게 함으로서 춘원 이광수가 강조한 '내선일체 운동을 하는 조선'이 될 수 있다는 착각을 하고 있었다. 일본의 이런 정책에 동조해서 수많은 학자와 문인들이 조선을 지우고 일본으로 동화되는 운동을 벌이던 것이 이태준이「석양」을 집필하던 시기였다. 다른 작가들이 출세를 위해 영혼을 팔고 있는 현실에 동조하지 않고 민족의 뿌리인 '신라 경주'를 작품 배경으로 삼은 것은 우연이라고 볼 수 없다. 철원 출신이면서 주로 작품 활동을 서울에서 하는 작가가 불쑥 '경주'를 선택하는 이유는 분명한 복선의 산물이라는 생각을 지울 수 없다. 상허 이태준이 경주를 작품 소재로 삼은 것은「석양」에서 뿐만 아니라 잡지《조광》에서「신라멸후(新羅滅後) 일천년(一千年) 회고(回顧) 특집」으로 약 74페이지 분량으로 엮었는데「불국사 돌층계」를 게재한 적이 있다. 그 내용에는 불국사의 화려한 형태에 관심을 갖지 않은 것이 특징이다.

　신라 사람들이 밟은 층계로구나! 생각하니 그 댓돌마다 쿵 울리는 예전 사람들의 발자취 소리가 어느 틈에서고 풍겨 나올 것 같았다. 그들은 어떤 모양으로 신발을 신었던 것일까? 그때 부인들의 치마자락은 얼마나 고운 것이, 또 얼마나 긴 것이 이 층계를 쓰다듬으며 오르고 내린 것일까? 나는 아득한 환상에 잠기며 그 말 없는 돌층계를 폭양(暴陽) 아래에 수없이 오르고 내리고 하였다.

> 지나간 사람들의 발자취, 우리는 어디서 그것을 만져 볼 것인가. 바람에 쏠리고 빗물에 닳았으되 그들의 밟던 돌층계만이 그래도 어루만지면 무슨 촉감을 줄 수 있는 것이다.
>
> —《조광》,「불국사 돌층계」, 1931년

위의 글에서는 불국사 돌층계에 신라인들의 숨결이 남아 있다는 것을 강조하는데 이것은 지금 우리의 뿌리는 하루아침에 이루어지지 않은 것이라는 점을 분명히 하고 있다. 이태준의 문학적 시각은 사회에서 떠밀려 난 사람들을 애정 어린 시선으로 바라보는 것이 특징이다. 힘없고 가난하면서 삶의 희망조차 보이지 않는 이웃들의 목소리를 담아내는데 작품의 기조를 유지하고 있다. 그런 문학적 시각은 신라 사람들이 밟았던 돌층계 머무르고 있다. 인간의 신체 중에서 땅에 직접 닿을 수 있는 발을 통해서 옛 자취를 느끼고자 하는 것은 이태준만의 독창성이다. 그리고 부인들의 고운 치맛자락을 꺼낸 것은 일본의 기모노보다 더 조선의 것을 찾아야 한다는 작가 의식이 드러나 보이는 부분이다. 또한 지나간 사람들의 발자취를 우리는 어디서 만져 볼 것인가라고 한 구절은 나라를 잃어서 우리 전통이 무너졌다는 슬픔을 애써 담담하게 표현한 것이라는 생각이다.

그리고 이태준은 다른 작품에서 '그렇게 벼르던 경주를 제일 바쁜 때에 가서, 어서 가을에 한번 다시 가서 그 돌층계를 만져 보고 밟아도 보고 싶다'라고 아쉬움을 담은 글을 썼었다. 여기서 벼르던 경주라는 말은 마음속에 간절한 것이 있다는 말로 이태준 선생에게는 특별한 장소라는 의미로 보여진다. 그런 생각을 '불국사 돌층계'에 담고 있었는데 일본 총독부 기관지 《국민문학》에 '경주'를 작품 무대로 삼은 것은 작가로서 보여줄 수 있는 확실한 조선찾기 저항방식이라는 판단을 갖게 만든다.

두 번째 반발 의식은 주인공의 이름에 담고 있다. 작품 「석양」을 읽어보면 주인공 이름이 매헌(梅軒)이다. 이런 이름을 붙인 것은 특별한 의미가 있다. 상허 선생은 주간 겸 소설 심사위원으로 있었던 《문장》에서 신인 소설 작품을 선정하는 과정에서 다음과 같이 이름의 중요성을 이야기하고 있다.

> 아모리 맨든지 10분밖에 안 됐거나 활자로 나오기가 처음이라도 그 이름에는 벌써 사람 때가 묻어 있어야 한다. 소설을 지으려면 제일 먼저 지을 줄 알아야 하는 것이 이름이다. 자기 이름을 벤벤히 못 짓고 어찌 인물들의 이름을 지으며 인물들 이름을 지을 줄 모르고 어찌 항차 인물들의 성격을 지을가 소냐.
> ─《문장》, 「잡기장 ─펜네임과 감상」, 1939년

이런 식으로 상허 이태준은 작품 속에 '이름─성격'이 형성되며 한번 만들어진 인물은 작가 마음대로 할 수 없다는 것을 강조하고 있다. 따라서 「석양」에 등장하는 주인공 매헌이라는 사람은 누구인지 궁금해진다. 상허 선생의 삶과 시대적 성향에 근거해서 보면 앞에서 설명한 이태준의 아버지인 이창하와 윤봉길 의사이다.

「석양」의 주인공으로 매헌(梅軒)을 등장시킨 것은 범상치 않

은 것으로 보인다. 아버지 이창하는 개화파 지식인으로 일본의 손길이 미치지 않은 북간도로 망명해서 동지들을 규합해서 새로운 나라를 만들 생각을 가졌던 사람이다. 또 윤봉길은 자신의 목숨을 바쳐 항일 투쟁에 나섰던 사람이다. 따라서 매헌이라는 이름은 특별한 의미가 있다는 점에 비추어 보면 「석양」을 통해서 이태준은 꺼져가는 민족혼을 되살리려는 반항 의식이라는데 공감을 가게 만든다.

나. 작품 「돌다리」에 담긴 민족의식

이태준의 고향은 강원도 철원이다. 우리나라를 대표하는 오대쌀을 생산하는 평야 지대이다. 어린 시절부터 철원읍에서 평강고원까지 이어진 평원을 보고 자란 이태준에게 땅은 특별한 의미로 받아들여진다. 그런 연유로 땅을 주제로 쓴 아들 대학 공부 뒷바라지를 하느라 땅을 다 파는 아버지의 절망을 배경으로 한 「삼월」, 소작인의 무작정 이촌 향도를 하게 만드는 「꽃나무 심어 놓고」 등을 창작하였다. 이 작품들은 농민들의 비극을 이야기 하면서 생의 마지막 희망인 땅을 잃어버리거나 어쩔 수 없이 떠밀려야 하는 상황을 그린 오장환 시인의 「북방의 길」(『헌사』, 1939년)에 '소반 귀퉁이 옆에 앉은 농군에게서는 송아지의 냄새가 난다/힘없이 웃으면서 차만 타면 북으로 간다고'라는 구절 뒤에 '차창이 고향을 지워 버린다'는 느낌과 같다. 이 비극 뒤에는 자신의 평생 삶의 터전이었던 땅을 떠나면서 벌어지는 일이었다. 즉 조선 농부들에게 땅을 빼앗아간 일본의 농업정책을 에둘러 비판하고 있었다. 주로 땅을 버리거나 잃는 상황을 통해서 일본의 정책에 패배자가 되는 상황을 묘사하던 상허 이태준이「돌다리」에서는 다른 방식으로 표현하고 있어 눈길을 끈다. 그것도 일본어로 썼고 서슬퍼런 작품 검열을 받음은 물론 일제 식민 정책을 총괄하는 조선 총독부 기관지 역할을 하는《국민문학》에 '조선 땅을 지켜야 한다는 주제'로 쓴 글은 당시 발표된 문학작품에서는 볼 수 없는 독창성이 있다. 「돌다리」라는 이름은 해방 이후 개작을 한 것이고 원래는 큰 다리라는 뜻의「大橋」였다. 작품 배경은 강원도 철원의 샘골(지금의 샘통)로 이태준 누나가 시집을 간 곳으로 일제 강점기 번성했던 철원역에서 떨어져 외진 지역이다. 이곳에 사람들이나 수레나 소가 다니던 작은 돌다리가 작품 소재이다. 그런데 '大橋'라고 제목을 붙인 것은 이태준이 현재 상황이 한 세대와 세대 사이를 연결하는 중요하고 의미가 있는 시기라는 것을 내포하고 있는 것 같다. 즉 중일 전쟁이 후 등장한 신세대와 일본의 진주만 공습으로 미국과의 전쟁 다음에 올 세대 사이에 놓여질 큰 다리를 바라보고 있었던 것이 이태준의 시각이었음을 시사하고 있다. 그렇다면 작가가「大橋」를 통해서 무엇을 이야기하고 있는지 알아보는 것이 필요하다. 이태준은 그동안 땅의 소유권을 농민들이 빼앗기는 것을 연민의 시작으로 주시하던 것에서 벗어나 적극적으로 지켜야 한다는 태세 전환을「大橋」에 담고 있다. 이런 변화는 일본의 민족 말살 정책에 대한 저항방식이었다.

작품 〈돌다리〉는 일본어로 쓰여졌다. 그래서 일본이 중국과 전쟁을 일으키면서 등장한 신체제를 옹호하는 내용이라는 착각을 하기 쉽다. 그러나 작품을 읽어보면 새로운 세상을 열어 줄 것 같은 신체제 또는 현대적인 것이 큰 의미가 없다는 것을 '의사인 창섭'을 통해서 설명하고 있다. 그리고 미련하게 보이는 아버지를 등장시켜 우리 민족과 호흡을 같이 한 땅을 지켜야 한다는 점을 역설하고 있다. 이것은 상허 이태준 선생이 줄기차게 주장해온 상고주의 정신과 일치하는 것이다. 특히 모든 잡지와 신문, 학교에서조차 일본어를 가르쳐 황국신민화, 내선일체를 끌어내려는 일본의 한민족 말살 정책에 우리 것이 좋은 것이라는 身土不二 정신을 이야기하는 것은 작가적 양심이라는 판단이다. 그런 관점을 가지고 작품 「돌다리」를 설명해 보고자 한다.

주인공 창섭에게는 아픈 과거가 있어서 의사가 되었는데 그 이유는 다음과 같다.

- 창섭이가 방학으로 와 있던 여름이었음.
- 여동생 창옥이 저녁 먹다 말고 갑자기 복통으로 뒹굴음.
- 읍으로 뛰어 들어가 의사를 청해 와서 주사를 놓고 돌아감.
- 그러나 밤새도록 열은 내리지 않았고 새벽녘엔 아파하는 것도 더해 감.
- 다시 의사를 데리러 갔으나 의사는 바쁘다고 환자를 데려오라 하였음.
- 환자를 데리고 들어갔으나 역시 오진(誤診)을 함.
- 다시 하루를 지나 고름이 터지고 복막(腹膜)이 절망적으로 상해 버린 뒤에야 겨우 맹장염(盲瀜炎)인 것을 알아낸 눈치였음.

그렇게 누이를 허무하게 잃은 창섭은 아버지가 농사를 권했지만 의전(醫專)에 입학을 하였다. 노력 끝에 지금은 맹장 수술로는 서울서도 정평이 있는 한 권위자가 되었다. 그렇게 의원을 운영하고 있던 중에 병원을 크게 확장할 수 있는 건물이 나온 것을 사기 위해 부리나케 집에 온 것이다. 그때 주인공 창섭은 이런 생각을 하게 된다.

'창옥아, 기뻐해 다구. 이번에 내 병원이 좋은 건물을 만나 커지는 거다. 개인병원으론 제일 완비한 수술실이 실현될 거다! 입원실 부족도 해결될 거다. 네 사진을 크게 확대해 내 새 진찰실에 걸어 노마 ……..'

-《서음출판사》, 「돌다리」, 2005년

주인공 창섭은 자신의 꿈이던 병원을 확장하기에 딱 맞는 건물을 발견한다. 그러나 자신이 운영하는 건물을 팔아서는 부족하기 때문에 아버지가 짓고 있는 농토를 팔자고 하는 의논을 하기 위해 단걸음에 달려 온 것이다. 창섭이가 생각한 건물과 구상은 다음과 같다.

마침 교통 편한 자리에 삼층 양옥이 하나 난 것, 인쇄소였던 집인데 전체가 콘크리트여서 방화 방공으로 가치가 충분한 것, 삼층은 살림집과 직공들의 합숙실로 꾸미었던 것이라 입원실로 변장하기에 용이한 것, 각층에 수도·가스가 다 들어온 것, 그러면서도 가격은 염한 것, 염하기는 하나 삼만 이천 원이라, 지금의 병원을 팔면 일만 오천 원쯤은 받겠지만 그것은 새집을 고치는 데와, 수술실의 기계를 완비하는 데 다 들어갈 것이니 집값 삼만 이천 원은 따로 있어야 할 것.

-《서음출판사》,「돌다리」, 2005년

창섭이 생각은 아버지가 내년이면 회갑이기 때문에 서울에 모셔다 놓으면 편하게 사실 것 같다고 생각을 한다. 그리고 땅은 병원이 잘되면 서울 근교에 다시 구입을 하면 서운한 것이 없을 것으로 판단하고 있다. 또 단순 계산을 해도 시골에 땅에서는 일 년에 고작 삼천 원의 실리가 떨어지는 정도이지만 땅을 팔아 병원만 확장해 놓으면, 적어도 일 년에 만 원 하나씩은 이익을 뽑을 자신이 있기 때문에 유리하다는 판단을 하고 고향을 찾은 것이다. 그런 정도 이유라면 아버지도 땅을 파는 것에 동의할 것이라는 생각을 한다. 창섭이의 이런 이해타산은 당시 신체제가 추구하는 실리 획득이라는 논리에 부합이 되는 것이었다.

그런데 작품 속에 아버지는 고지식한 농군으로 비춰진다. 우선 일제가 놓고 있는 나무다리를 거부하고 냇가에 있으면서 훼손된 돌다리를 고치고 있는 상황으로 전개하고 있다. 이것은 주인공 창섭이가 추구하는 편리하고 쉬운 것을 대신해서 전통적인 것을 고수하겠다는 아버지와 갈등이 시작된다. 작품「돌다리」에서는 언뜻 보기에는 엘리트층에 있는 의사 아들의 정확하고 계산된 논리에 아버지의 무뚝뚝하지만 뚝심을 보이는 이야기가 서로 상충하고 있다. 이런 관계는 독자들에게 '나무다리+의사=신체제(일본 식민 정책)' '돌다리+아버지=상고주의(조선

전통주의 고수)'로 양분된 두 개의 축이 서로 경쟁을 하는 것 같은 느낌을 전달하고 있다.

위의 내용을 보면 상허 이태준 선생은 일본에서 들어 온 신문물에 상당한 거부감을 갖고 있다. 편리한 문명이 들어오면서 조선의 가정들이 빚이 늘어나는 것을 지적하고 있는데 이것은 유럽이 18세기에 산업혁명을 한 뒤에 시장 개척을 위해 약소국을 경제적으로 침략한 것을 설명하는 것이라 할 것이다. 이 내용을 보면 당시 조선은 경제적으로 일본에게 종속된 상태를 피할 수 없었다. 이런 경제적 몰락을 작품에서 설명을 하고 있는데 이것을 피하기 위해서는 우리 것을 지키는 상고주의가 유일한 대안이라는 심증을 갖고 있었다.

작품「돌다리」에서는 아버지의 입을 통해서 자신이 평소 갖고 있던 소신을 밝히는데 주요 내용을 정리해 보면 다음과 같다.

- 눈에 익은 논둑에 선 정자나무는 그전부터 있던 것이고 돌각담은 아버지가 쌓으신 것이다.
- 근검으로 소문난 아버지는 자기 대에 와서는 논을 늘리지 않고 있다.
- 아버지는 할아버지가 쇠똥을 맨손으로 움켜다 넣은 논과 멍돌을 손수 이룩하신 밭을 지키고 가꾸는 것도 힘이 든다.
- 농사를 짓고 남는 돈이 있으면 일꾼을 사서 논배미 바로잡기, 밭에 돌을 추려서 바람막이 담을 두르기, 개울엔 둑매기 하기 등으로 쓰고 있다.

- 아들이 의사가 된 후로는 읍길과 정거장 까지(아들이 편안하게 집에 오게 하기 위해) 닦아 놓으셨다.
- 남에게 땅을 주면 버린다고 여간 근실한 사람이 아니면 소작을 주지 않았다.
- 소 두 필과 일꾼 세 명씩이나 두고 자작농을 하면서 버티어 왔다.

위의 내용에서 주목해야 할 것은 보통 사람이면 빚은 내서라도 땅을 늘리는 것에 집착을 하는데 아버지는 논이나 밭을 거름지게 하는 일에 집중을 하고 있다. 이것은 일제시대 어려운 사람들이 땅을 헐값에 파는 것을 사지 않는 양심적 행동으로 판단된다. 마치 흉년이 드는 해에는 땅을 늘리지 않는다는 조선의 부자들의 신념과도 일맥상통하고 있는 것이다. 또한 자신의 아버지가 쇠똥을 맨손으로 움켜쥐어서 가꾸던 논과 명돌을 걷어내고 만든 밭을 귀하게 여기는 자세는 우리 땅을 우리 손으로 지켜야 한다는 메시지를 던지는 것이라 할 수 있다. 또 다른 사람들이 일꾼들만 좋은 일만 시킨다는 이야기가 있지만 '자신의 이해타산만을 위해서 농사를 짓지 않고' 시간이 날 때마다 논과 밭을 고르고 언저리가 반듯하게 관리를 했다. 또 가을에 논갈이를 해서 흙이 부드러우면서 그 모양이 시루떡 모판과 같아서 누구 눈에나 탐스러운 땅이 되고 있었다.

이런 모습에 주인공 창섭은 '수입이 몇 배가 나는 일이지만 땅을 파는 것은 아버지에게 미안한 일이고' '땅을 팔지 않고 은행에 잡히기만 해서는 삼만 원을 만들 수 없고' '서울에 큰 병원을 갖는 것은 돈이 있다고 아무 때나 되는 것은 아니다'라고 합리화를 하고 있다. 또한 아버지가 내년에는 회갑이기 때문에 내가 편안하게 모셔야 한다는 책임까지 동원해서 자신의 주장을 정당화하고 있지만 너무 '자기중심적 이기주의'라는 약점을 보이고 있다. 이것은 일본이 주장하는 대동아 공영권을 내세운 신체제가 주변 국가에게 피해를 주는 논리라는 점을 지적하고 있다는 것으로 읽혀지고 있다.

작품 「돌다리」는 앞에서 몇 차례 언급했던 것처럼 '일제의 신체제'와 '조선의 전통'이 대결하는 양상으로 전개되고 있다. 작품 이름으로 '돌다리'를 정한 것은 당시 일본이 권장하던 '나무다리'와 대비되는 개념으로 사용하고 있던 것 같다. 그것을 증명하는 것이 신세대인 아들이 '나무다리가 있는데 건 왜 고치시나요?'라고 묻고 있는 장면이다. 나무다리는 놓기도 쉽고 고치기도 쉬운데 굳이 돌다리를 고집할 이유가 무엇이냐 묻는 것으로 신문물이 추종하는 상황을 보여 주는 상황이다. 즉 쉽게 놓을 수 있는 나무다리는 사람들이 다니기 쉽고 자전거나 수레들도 편안하게 이용할 수 있다는 장점을 생각한 것으로 '부가가치가 낮은 땅을 팔아서 병원 건물을 사는 것이 더 경제적'이라는 논리를 보충하는 것이라 할 수 있다. 이런 아들의 주장에 대해서 아버지는 단호하게 아래와 같이 주장을 한다.

"너두 그런 소릴 허는구나. 나무가 돌만허다든? 넌 그 다리서 고기 잡던 생각두 안 나니? 서울루 공부 갈 때 그 다리 건너서 떠나던 생각 안 나니? 시쳇사람들은 모두 인정이란 게 사람헌테만 쓰는 건

줄 알드라! 내 할아버니 산소에 상돌을 그 다리로 건네다 모셨구, 내가 천잘 끼구 그 다리루 글 읽으러 댕겼다. 네 어미두 그 다리루 가말 타구 내 집에 왔어. 나 죽건 그 다리루 건네다 묻어라…… 난 서울 갈 생각 없다."

-《서음출판사》,「돌다리」, 2005년

위의 내용을 보면 아버지는 '너도 그런 소리를 한다'고 이야기를 하는데 이것은 '너도 그 돌다리에서 고기를 잡은 추억이 있고, 그 다리를 건너서 서울로 공부하러 갔던' 기억을 못하고 있다는 아쉬움을 표현한 것이라 할 수 있다. 또 아버지, 할머니, 어머니도 그 돌다리와 특별한 추억이 있다는 것을 강조하고 있다. 이것은 '돌다리'를 매개로 전 가족이 이어지고 있다는 사실을 주장하고 있다. 또한 자신이 죽으면 이 돌다리를 건너서 묻어 달라고 할 정도로 애착을 갖고 있다는 점을 강조하고 있다. 그렇기 때문에 아버지 당신은 돌다리를 떠날 수 없다는 점을 '난 서울 갈 생각 없다.'라고 말을 하고 있다는 판단이다.

아버지가 이런 주장을 하는 이유는 자신이 다음과 같은 경험을 했기 때문으로 설명하고 있다.

"천금이 쏟아진대두 난 땅은 못 팔겠다. 내 아버님께서 손수 이룩허시는 걸 내 눈으루 본 밭이구, 내 할아버님께서 손수 피땀을 흘려 모신 돈으루 장만허신 논들이야. 돈 있다고 어디가 느르지논 같은 게 있구, 독시장밭 같은 걸 사? 느르지 논둑에 선 느티나문 할아버님께서 심으신 거구, 저 사랑마당엣 은행나무는 아버님께서 심으신 거다. 그 나무 밑에를 설 때마다 난 그 어룬들 동상이나 다름없이 경건한 마음이 솟아 우러러보군 헌다."

-《서음출판사》,「돌다리」, 2005년

아버지의 입장에서는 자신의 아버지가 땅을 구입해서 옥토로 만든 것을 기억하고 있다. 논둑에 있는 느티나무, 사랑 마당에 은행나무를 보면서 조상들의 숨결을 느끼고 있는 아버지 입장에서는 땅을 팔아야 한다는 것은 어려운 일이라고 생각을 하고 있다. 다시 말을 하자면 예전이 '農者 天下之大本'이라는 점을 근본으로 삼고 있는 농부라는 사실이다. 그것을 증명하는 것이 다음과 같은 의견이다.

- 땅이란 걸 어떻게 일시 이해를 따져 사구 팔구 허느냐?
- 땅 없어 봐라, 집이 어딨으며 나라가 어딨는 줄 아니?
- 땅이란 천지만물의 근거야. 돈 있다구 땅이 뭔지두 모르구 욕심만 내 문서쪽으로 사 모기만 하는 사람들,
- 돈놀이처럼 변리만 생각허구 제 조상들과 그 땅과 어떤 인연이란 건 도시 생각지 않구 헌신짝 버리듯 하는 사람들,
- 다 내 눈엔 괴이한 사람들루 밖엔 뵈지 않드라

위의 주장을 보면 땅이 천지 만물의 근거라는 중요성을 설명하고 있지만, 작가 이태준이 이 작품을 통해 진짜 드러내고 싶은 주제는 땅이 없으면 나라도 없다는 것이란 판단이다. 우리가 일제의 식민 지배를 받는 것도 땅을 빼앗긴 때문이고 앞으로도 땅은 지켜야 한다는 소신이 담겨 있는 것이라 할 수 있다.

이것은 또 다른 작품 「촌뜨기」, 「꽃나무 심어 놓고」에서 분명하게 묘사를 하고 있다.

작품 돌다리는 보면 아버지를 도와주는 사람들이 일꾼이거나 소작농으로 묘사되고 있다. 당시 넓은 토지를 갖고 있는 철원에서 자기 땅이 없는 사람들이 있다는 것은 특정 세력들이 토지를 많이 소유하고 있었기 때문이다. 작품에는 등장하고 있지는 않지만 일제시대 철원에는 '조선의 수리왕' 후지이 간타로와 불이농장(不二興業株式會社가 세운 농장)이 수리조합을 설립하고 많은 땅을 소유했기 때문이었다. 상허 이태준 선생의 작품에서는 이 불이농장에 대해서 언급을 하고 있지 않다. 작품 「촌뜨기」와 「꽃나무 심어 놓고」에서는 일본의 삼정회사와 일본인이 지주인 회사 횡포를 이야기를 하고 있다.

이태준 선생이 쓴 작품 「돌다리」에는 우리나라 농부들의 마음이 담겨 있다. 그 이야기를 아버지를 빌려서 하고 있다. 이것을 거창하게 말을 하자면 농심이라고 할 수 있는데 소설을 일본어로만 써야하는 시대에 '조선 지킴이' 내용을 주제로 삼은 것은 상허 선생의 옹골찬 정신세계를 보여 주는 것이다. 또 당시 검열을 하던 일본 경찰들도 그 깊은 뜻을 파악치 못하고 그대로 실은 것이라는 판단이다. 작품 「돌다리」에 나오는 조선 농부의 마음을 알아보면 다음과 같다.

"네가 뉘 덕으루 오늘 의사가 됐니? 내 덕인 줄만 아느냐? 내가 땅 없이 뭘루? 밭에 가 절하구 논에 가 절해야 쓴다. 자고로 하눌 하눌

허나 하늘의 덕이 땅을 통허지 않군 사람헌테 미치는 줄 아니? 땅을 파는 건 그게 하늘을 파나 다름없는 거다."

－《서음출판사》,「돌다리」, 2005년

이 글을 읽어보면 주인공 창섭이가 의사가 된 것은 땅이 있어서 가능했다는 이야기를 하고 있다. 즉 아버지가 땅에다 농사를 지어서 얻은 돈으로 의사 공부를 시켰다는 것을 확실히 지적하고 있다. 그러면서 우리가 감사하게 느끼는 하늘의 덕은 땅을 통해서 인간에게 전달된다는 점을 강조하면서 '땅을 파는 건 하늘을 파나 다름 없다'라고 설명하면서 즉 '하늘=땅'이라는 평소 소신을 말하고 있다. 이것은 작가인 이태준 선생의 말이라고 봐야 한다.

이태준은 「돌다리」를 통해서 실용만 강조하는 신체제를 창섭의 눈으로 비판하고 있다. 또한 조선의 땅은 하늘이고 이것에 농사를 짓는 것이 조상의 전통문화를 계승하는 방식 즉 일제의 민족 말살 정책에 대항하는 최선의 방안임을 총독부 기관지 《국민문학》에 일본어로 당당하게 외치고 있다는 것에 주목해야 한다.

6. 나가는 말

광복을 맞이하고 1년이 지난 대한민국 경찰 상위 계급 간부 중에 82%가 친일 경력자였다. 이렇게 된 것은 한반도 남쪽 진주한 미군의 지휘관이었던 하지 중장이 공공연하게 '나에게 필요한 지식을 주는 사람은 일본인뿐'이라고 떠들고 다녔던 것에서 그들의 통치 방식을 엿볼 수 있다. 하지는 더 나아가 휘하 장교들에게 조선인을 '준 적국인'으로 대하라는 명령을 내리기도 했다. 이들이 면죄부를 씌워줬다는 점에서 그들의 과오가 얼마나 큰 것인지 알 수가 있다. 더욱이 미군정은 자유를 보장한다는 명목 아래 좌익 우익 단체 활동을 수수방관했다. 그것이 조선 반도 분열을 촉진했다는 것은 부정할 수 없는 일이다. 또한 하지 중장의 정치고문이었던 랭던은 한국인을 '분열, 아첨, 과도한 이기주의, 강력한 대립, 아량 부족 등이 있다.'며 혹평하고 있는데 이것은 무지의 산물이라 할 수 있다. 이런 시기에 이태준은 친일파를 청산해야 한다는 분명한 입장을 갖고 있었다는 것을 알 수 있다. 이것은 같은 작가로서 최소한 양심이었을 것이다. 백철이 1975년 쓴 『문학자서전 후편』에서 임화 같은 시인이 친일파를 불러들이려는 시도에 분명히 반대를 했던 이태준의 소신 있는 행동은 재평가 받아야 한다. 단순히 38선을 넘은 것에 돌을 던지기 전에 대한민국 단편 소설을 완성자로 평가 받는 이태준이 몸소 실천하려고 했던 반일청산 행동에 대한 깊이 있는 분석이 필요해 보인다.

Ⅵ 해방 정국 좌익의 기관지 《문학》과 이태준

1. 시작하는 말
2. 《문학》의 태동
3. 《문학》 발간
4. 《문학》의 정치적 성향
5. 노골적인 공산주의 선전 도구로 전락한 《문학》
6. 공산주의자 김태준이 전면에 등장
7. 《문학》에 실린 이태준의 글
8. 나가는 말

Ⅵ 해방 정국 좌익의 기관지 《문학》과 이태준

1. 시작하는 말

해방 정국에서 이태준이 맡았던 역할이 컸던 것으로 많은 사람들이 착각을 하고 있다. 겉으로는 조선을 대표하는 순수작가가 좌익작가로 변신함으로서 발생된 파장은 엄청 났지만 실제 이태준의 역할을 제한적이었다. 냉정하게 알아보면 홍명희가 위원장으로 있던 좌익 문학가 동맹에서 부위원장을 맡았고 안회남이 맡았던 소설부에서 위원, 정지용 시인이 위원장을 맡았던 아동문학부 위원이 전부였다. 부위원장 자리도 이기영, 한설야 등 3명 공동체제였다. 홍명희, 이기영, 한설야는 순수문학과는 거리가 먼 소설가였고 또한 일제 강점기에 보여줬던 정치적 성향도 달라서 이태준 의견이 받아들여질 분위기였는지 알 수가 없는 구조였다. 이런 상황에서 문학가동맹 기관지 성격을 가진 《문학》에서 편집 겸 발행인을 맡은 것은 어느 정도 위신을 세우는 일이라고 할 수 있다. 이미《문장》지의 편집장 경력이 반영된 것이라 할 수 있지만 그것이 좌익 문학가들의 뿌리인 카프와 각을 세우던 순수문예지였다는 것은 어울리지 않는 선택으로 보여 진다. 그런 부조화는 해방 정국이라는 특수한 상황에서는 어쩔 수 없었을 것이라는 생각을 가지고 《문학》의 탄생 과정, 이태준의 역할 등에 대해서 알아보고자 한다.

2. 《문학》의 태동

상허 이태준이 편집장을 맡은 《문학》은 해방 이후 굴곡진 역사와 맥을 같이 하고 있다. 그 탄생 과정에는 당시 문학 단체의 이합집산 역사가 고스란히 담겨 있는데 정리해 보면 다음과 같다.

* 조선문학건설본부 결성 – 1945년 8월 16일
  임화, 김남천 이원조 등이 주도한 해방 이후 최초의 문단조직이다.
* 조선문화건설중앙협의회 창립(종로 한청 빌딩) – 1945년 8월 18일
  이 단체에 상허 이태준이 공식적으로 등장한다.
* 조선건민후생단 결성 – 1945년 8월 19일
  좌익 문인 활동에 대항해서 우익 문단이 결성한 단체로 겉으로 밝힌 목표는 지역사회 문화 계몽을 위한 후생사업(유치원, 종로생활관, 서울모자료, 영양식 공급소, 청포도 극단, 월간지 『생활문화』) 등이었다.
* 조선프롤레타리아문학동맹(조선프로문학동맹) 창립 – 1945년 9월 17일
  이 단체는 조선문학건설본부의 타협적인 문학 노선과 친일 행적 문인들에게 관대함에 불만을 품고, 송영, 이기영, 한설야 주도로 조직해서 분리하게 됐다.
* 중앙문화협회 창립(중앙청 서쪽, 우익 진영) –1945년 9월 18일

이 단체는 좌익 예술인 활동에 대항해서 문학, 학계, 음악, 미술, 연극 영화인 등이 참여해서 조직되었다.
* 조선문학동맹 창립(미도파앞 4층, 조선문학건설본부가 모체) -1945년 12월 13일
해방 이후 비교적 온건한 좌익 계열의 조선문학건설본부와 강경파가 중심이 된 조선프롤레타리아문학동맹으로 양분되었다.
* 조선문학동맹 1차 소집 -1946년 1월 20일
조선문학동맹은 추후에 알려진 사실에 의하면 공산당 지시에 의하여 당시 공산당원이었던 김태준이 매개하여 통합하게 됐다.
* 제1회 전국조선문학자 대회(좌익 주도) -1946년 2월 8일
종로기독교청년회관에서 열린 행사로 조선문학가동맹(임화, 이태준, 김남천) 주도했으며 기관지 《문학》이 상허 이태준 주도로 발간되는 것이 결정되었다.

3. 《문학》 발간

조선문학가 동맹 기관지 《문학》의 성격은 애매모호하다. 문학을 위한 잡지인지 아니면 해방정국의 민중들을 계도하기 위한 것인지 정체성이 명확하지 않다. 자신들이 제창하고 있는 민중을 교화하는 것이 목적이라면 사회주의 사상을 전면적으로 분석한 글들은 노력에 비해 독자들로부터 외면받았을 것이다. 그런 목적이 아니라 해방 이후 서둘러 조직을 꾸며서 뿌리가 미약한 조직원들 교육용이라고 하기에는 너무 전문성을 갖고 있다. 이것보다 큰 문제가 되었던 것은 해방이후 문학가 동맹이 활동

한 서울은 미군정의 관할이었다는 점이다. '친일파를 원직복귀
라는 파격' '상해 임시정부를 불인정'하는 정책으로 보수 성향으
로 치달았던 미군정에게 《문학》은 자신들의 정책과 각을 세우
는 존재였다. 판매가격과 발행일자도 각 호마다 다음과 같이 일
정치 않아 독자들의 신뢰를 얻을 수 없는 상황이었다.

* 1946년 7월 15일 발행, 창간호 정가 50원
* 1946 11월 25일 발행, 2호 60원
* 1947년 4월 15일 발행, 3호 130원
* 1947년 11월 25일 발행, 3.1기념 임시증간호 40원
* 1947년 7월 14일 발행, 4호 40원
* 1948년 4월 10일 발행, 7호 140원
* 1948년 7월 10일 발행, 8호 200원

위의 내용을 보면 5~6호는 기록이 없다. 이유는 부수 발간 제한으로 일반에게 배포될 수 없었기 때문이다. 1946~1948년 조선문학가동맹 기관지 《문학》은 매년 2호씩 발간하는 형식을 취하고 있었으며 미군정의 통제를 받아 문예지라는 본래 기능을 상실하고 있었던 것으로 보인다. 그럼에도 눈길을 끄는 것은 1947년 3.1일을 맞아 임시증간호를 발간한 것으로 이용악 시인이 남한의 철도 파업단에 바치는 「기관구의 노래」, 황순원의 단편 「아버지」(3.1 운동에 참여했다가 감옥까지 갔다 온 아버지가 주제)가 실려 있다.

잡지 면면을 보면 발행처는 조선문학가동맹 중앙집행위원

회 서기국, 발행인 이태준으로 기록되어 있다. 7호부터는 발행인이 현덕으로 바뀌었고 판형은 21x14cm이고 4호 발간 이후에는 임시증간호를 발행한 적이 있다. 국내 각 도서관이나 자료실에는 《문학》 4호 발간 이후 5호 6호를 발견할 수 없는 상태이다. 이것에 대한 설명은 7호의 「편집여백」에서 '3호는 출판법에 걸려 몰수되었고 나머지는 출판 사정에 의해 제한된 부수로 구독자는 물론 회원들에게도 배부하지 못한 것'으로 알려지고 있다.

우선 《문학》의 창간호를 분석해 보면 잡지의 성향을 파악할 수 있는데 그 주요 내용을 알아보면 다음과 같다. 「창간사」에서는 '봉건제의 동양 특수성인 우리나라에서도 전형화해서 근대적인 민족 문학을 늦도록 가지지 못했다.'를 전제했다. 또한 근대 문학이 싹을 트는 시기에 일제 식민지를 맞았고, 일제의 '한글 말살 정책'으로 제대로 발전할 수 없었음을 지적하면서 다음과 같은 강령을 정했다.

* 봉건 잔재 청산
* 일제 잔재의 소탕
* 국수주의 배척

위의 내용을 보면 상허 이태준이 끈질기게 주창했던 상고주의와는 대립의 각을 세우는 것으로 자기모순에 빠진 위험이 있다는 것을 인식하지 못한 것이 문제였다.

4. 《문학》의 정치적 성향

이 잡지에서 가장 먼저 등장하는 것이 창작이다. 소설을 말하는데 가장 먼저 이태준의「해방전후」, 안회남의「불」, 지하련「도정」, 김학철「담뱃국」이다. 이 작품 중에는「도정」을 쓴 지하련은 임화 시인의 부인으로 나중에 조선문학상을 두고 이태준 선생과 경쟁을 벌이던 작가이다. 창작의 주요 내용은 해방 이후 벌어지는 민초들의 갈등과 가난한 사람들의 이야기를 담고 있어서 조선문학가동맹의 기본 취지와 부합을 하고 있다.

각종 평론은 '민족 문화' '민족 문학' '민족 문화 건설' '소련과 중국의 문화 소개' 등으로 엮어져 주로 민중들을 교화하려는 방향을 주제로 삼고 있어서 순수 문예지에 친숙한 사람들에게는 당혹스러운 느낌을 주는 내용이 주를 이루고 있다.

특히 눈여겨봐야 할 것은 詩를 소개한 코너로 김기림, 권환, 오장환, 설정식, 박세영, 김광균, 이용악 시인들 작품이 실려 있다.

어린 새나라 하나 시달린 꿈을 깨서 눈을 부린다./동해 푸른물 허리에 떨며 일어나는 '아프로디테'-/모두가 마지하자 굳이 잠긴 마음의 문을 열어/피 흐르는 가슴과 가슴을 섞어 새나라 껴안자
-「새나라송」, 김기림

민주주의 잎을/민주주의 꽃을 갈거먹는 벌레/민주주의 뿌리를 갈거먹는 벌레/팟쇼, 독재, 지배욕의 화신의 벌레
-「고궁에 보내는 글 -미소공동위원회에」, 권환

독립은 외치면서/참 독립을 알찌 모르는 사람들이/아 모조리 모였구나

—「아 여기들 모였구나」, 박세영

조용 조용 부르는 노래/비겁한 자여! 갈테면 가라

—「찬가」, 오장환

인용한 시를 보면 김기림은 기존 문학에 충실하고 있는데 반해 다른 시인들은 좌익 성향을 그대로 보이고 있다. 시인은 자신의 글에서 자기가 나갈 길을 미리 예지하고 있음을 보여 주고 있다. 마지막까지 남한에 남아 있던 김광균의 시「은수저」를 보면 문학의 본질에 충실하고 있어 좌익 문학단체 기관지인 《문학》에 어울리지 않는다는 것을 알 수 있다. 이 작품이 실린 것은 아마도 순수문학의 잔재의 결과라는 생각이 든다.

산이 저문다/노을이 잠긴다/저녁 밥상에 애기가 없다/애기 앉던 방석에 한 쌍의 은수저/은수저 끝에 눈물이 고인다.
한밤중에 바람이 분다/바람속에서 애기가 웃는다/애기가 방 속을 들여다 본다/들창을 열었다가 다시 닫는다./먼 들길을 애기가 간다/맨발벗은 애기가 울면서 간다/불러도 대답이 없다/그림자마저 아른거린다.

5. 노골적인 공산주의 선전 도구로 전락한 《문학》

잡지 《문학》을 보면 공산주의가 추구하는 세계의 목적을 엿볼 수 있다. 이름은 거창하게 순수 문예 전문지의 느낌을 풍기기에 충분한 '문학'이라고 했지만 내용을 보면 문예지가 아니라는 것을 금방 알 수 있다. 물론 시와 소설이 실려 있지만 지면 대부분이 사회주의를 홍보하는데 열을 올리고 있다. 즉 《문학》은 조선 반도 내에 사회주의를 대표하는 공산당 기관지 역할을 하고 있다는 것을 알 수 있다. 이것은 '목적은 수단과 방법을 가르지 않는다.'는 사회주의 목표에 충실한 것이라 할 수 있다. 이런 원칙을 가지고 판단을 해보자면 순수한 마음으로 새로운 세상을 꿈꾸며 참여한 문학인들도 사회주의를 추진해 나가는 수단에 불과하다는 점은 부정할 수 없는 사실이었다. 한국 전쟁 종전 전후로 《문학》에 참여했던 작가들을 숙청한 것은 이들이 사회주의를 이루는데 필요한 유효기간이 끝났다는 판단이 든 결과일 것이다. 그런 점을 바탕으로 《문학》의 창간호 내용을 분석해 보면 다음과 같다.

* 임화 : 조선에 있어 예술적 발전의 새로운 가능성에 관하여 – 예술과 문화의 장치화가 필요하다고 역설을 함
* 김남천 : 창조적 사업의 전진을 위하야
* 이원조 : 민족문화건설과 유산 계승에 관하여
* 한효 : 민족문학의 정치성
* 서기국 : 지방조직에 대하여

위의 내용을 보면 문예지라고 볼 수 없을 정도로 격렬한 구호로 채워진 글들이 게재되어 있는 것을 알 수 있다. 거창하게 '민족'이라는 말을 많이 나열하고 있지만 자세히 읽어보면 사회주의 건설 도구로 사용 되고 있다는 것을 알 수 있다. 특히 민족문학을 거론하면서 다시 정치성을 연관시키려는 논리는 '문학이 인간의 자유로운 사고를 바탕으로 한다는 기본 원칙'을 무시하겠다는 노골적인 행동이라고 할 수 있다. 여기에다가 더 나아가서 사회주의 국가의 문화를 소개하고 있는데 그 나라들을 보면 방향을 어떻게 정했는지 알 수 있다.

* 알렉산드라 브르스타인, 김영건 역 : 소련의 아동극
* 나선영 : 전소반파시스트작가대회 보고
* 이명선 : 중국의 신문학 혁명의 교훈
* 보리스갈린, G.W번역 : 벨고르드 공략전기

위의 내용을 보면 소련에 관한 내용이 주류를 이루고 있다. 이것은 자신들의 정신적 뿌리가 어디에 있다는 것을 보여 주고 있다. 특히 소련의 아동극을 소개하면서 '어떤 노인이 나무를 심는 것을 보고 많은 사람들이 노인의 살아생전에 목재와 과실을 얻지 못할 것이라 놀리는 동화를 소개'하면서 '몇십 년 뒤에 나무가 자라서 목재와 과실을 후손들이 취하게 됨'을 암시하고 있다. 이것은 아동극이 미래에 미칠 영향을 빗대어 설명한 것이라 할 수 있다. 이런 발상은 어린 시절부터 보고 듣는 아동극이 사회주의 일꾼을 배출하는데 중요한 역할을 한다는 점을 강조했다는 판단이다.

6. 공산주의자 김태준이 전면에 등장

잡지 《문학》에는 일제 강점기에는 이름도 알려지지 않았던 사람이 '특별연재'라는 코너를 통해서 등장을 한다. 그 사람은 김태준으로 「연안행」이라는 작품을 연재하고 있다. 그 작품은 3회 연재를 끝으로 마쳤다. 내용은 아주 단순하게 일정을 기록한 일기와 같은 수준의 글이다, 서정적 묘사가 부족하다는 느낌이 들며 인물 묘사도 단편적으로 그치고 있어서 읽는 흥미를 반감시킨다는 생각이 드는데 1947년 7월에 출간된 《문학》 '공위재개 기념특집호'에 실린 『연안행』 광고 내용은 다음과 같다.

저자 김태준 씨는 일제 밑에서 굴욕적인 생활을 피해 멀리 중국해방지구인 연안까지 다녀왔다. 그동안에 겪은 체험과 견문은 원래 탁월한 세계관을 가졌고 박학한 씨에게 중국 인민들이 나가는 길을 똑바로 보게 하였다! 그뿐 아니라 이 책은 처음부터 끝까지 한숨에 읽도록 많은 사건이 널려 있고 아슬아슬히 마치 소설을 읽는 것같이 흥미진진하기도 하다!

-《문학》, 「연안행 광고」, 1947년

7. 《문학》에 실린 이태준의 글

명목상으로 발행인이었던 상허 이태준은 《문학》에 대해 처음에는 열성적이었지만 점점 피하는 듯한 느낌을 들게 한다. 이것은 자신이 추구하던 문학과는 다른 이질감에서 오는 반응으로 보인다. 상허 이태준이 《문학》에 발표한 것은 다음과 같다.

* 1946년 7월 15일 발행, 창간호 「해방전후 – 어느 작가의 수기」
* 1946년 11월 25일 발행, 2호 「서울 문학가 동맹 여러분에게」
* 1947년 4월 15일 발행, 3호 「문학가 동맹 여러분에게」, 「붉은 광장에서 –소련 기행문」

위의 글 중에서 이태준이 작가동맹에게 보낸 내용 중에는 개인 심정도 담겨 있는데 그것을 분석해 보면 문학적 시각과 현실 인식을 엿볼 수 있는 것 같아서 소개해 보면 아래와 같다.

* 2호 「서울 문학가 동맹 여러분에게」의 주요 내용
  – 계획적으로 38선을 넘은 것은 아니다
  – 자신이 방문한 소비에트는 제도 개혁으로 잃어버렸던 인간을 찾은 것을 확인함
  – 현재 민족작가동맹의 분투는 구석진 곳에 있는 것 같으나 세계가 주목을 하고 있으니 더욱 분투를 해서 다시 만나게 될 것을 강조함

위의 글은 자신이 소비에트 방문을 통해서 새로운 세상을 발견했다는 것을 강조하고 있다. 이런 성과는 소련이 왕정에서 사회주의를 택한 결과로 우리도 제도적 개혁이 필요하다는 점을 주장하고 있다. 문제는 조선에서 활동 중인 좌익 세력들이 자신들의 주도권을 놓는 제도 개혁에 동조할 가능성이 없는 현실을 외면하고 있다는 점이다.

* 3호 「문학가 동맹 여러분에게」의 주요 내용
  - 자신이 보낸 소비에트 방문 기행문을 꼭 실어 달라는 부탁을 함
  - 《문학》 2호에 실린 글에 감격과 축복을 보냄
  - 대중을 위해 쉽고 좋은 글을 쓰기 위해 민족적 형식 기초가 필요함을 강조
  - 민요, 민담의 채집, 발표 등도 한편으로 유념해야 할 여유를 강조

위의 글을 보면 상허 이태준은 민족 정서를 계승하는 상고주의를 버리지 못하고 있는 것을 알 수 있다. 민요, 민담 등 민족적 형식을 받아들일 여유를 지적하고 있다. 이것은 극단적으로 민족주의를 반대하고 있는 좌익성향에 배치되는 사태이다. 이것은 상허 이태준이 갖고 있던 상고주의에서 완전히 탈피하지 못한 상태라는 점을 증명하고 있다. 이런 상황을 증명하고 있는 《문학》 3호에 실린 이원조의 글에서 드러나고 있다

  *3호 이원조의 「문학가 동맹 여러분에게」의 주요 내용
  - 《문학》 2호에 실린 글이 빈약하다는 점을 지적
  - 문학의 대중화를 위해 쉽게 잘 쓰는 글이 필요하다는 점을 강조

문학 평론가 이원조(李源朝, 1909~1955, 이육사 시인 동생)는 상허 이태준과 다르게 문제점을 지적하며 쉽게 잘 쓰라는 원론적인 이야기만 나열하고 있어 분명한 차별성을 보이고 있다.

8. 나가는 말

상허 이태준이 좌익문학가 동맹 기관지《문학》에서 직접 편집에 관여한 것이 창간호가 전부이다. 잡지에는 6호까지는 편집 겸 발행인이 이태준으로 기록되어 있으나《문학》2호를 보면 23페이지에「서울 문학가 동맹 여러 벗님에게」라는 글이 실려 있다. 그 내용에는 '본의는 아니나... 떠날 때는 돌아와 만나는 즐거움과 일에 더 충실함으로서...'라고 써 있으면서 북한에서 걸음을 멎게 되었다고 소식을 전하고 있다. 이 의미는 다시 남쪽으로 돌아가지 않겠다는 뜻으로 이태준과 남한에 있는 좌익 문학가 동맹과 인연이 끝났다는 내용으로 읽혀진다. 이태준이《문학》을 떠나게 된 원인이 무엇인지 알 수가 없다. 다만 상허 이태준은《문장》을 운영하면서 순수문학을 추구했었던 경험에 비추어 보면 좌익 정치 선전으로 채워진《문학》에 긍정적인 시각을 가질 수는 없었을 것 같다. 아마「해방전후」에서 마지못해 일본이 원하던 대동아전기(大東亞戰記)의 번역을 하기 위해 일본신문의 기리누끼한 몽뎅이 들고 서재에 들어서면서 느꼈던 지저분함을 느꼈을 것 같다는 생각이다. 또한 좌익문학가 동맹 강령 중에 하나가 '봉건 잔재 청산' 임에도 불구하고《문학》3호에서는 '민요, 민담의 채집, 발표 등'이 필요하다는 점을 강조하고 있다. 이런 내용은 좌익 문학가 동맹 노선과 분명한 거리감을 보이고 있어 이태준의 어두운 미래 행보를 예측하게 한다.

Ⅶ 좌익 문학 동맹, 북한 문학과 부조화를 보였던 이태준

1. 시작하는 말
2. 좌익 문학가 동맹 5대 강령
3. 이태준이 지키려고 했던 민족 문학
4. 해방 직후 북한 지역의 문학 단체 태동
5. 북한 문단의 벽에 막힌 이태준
6. 『소련 기행』 출간과 북한 문학과의 괴리감
7. 나가는 말

Ⅶ 좌익 문학 동맹,
북한 문학과 부조화를 보였던 이태준

1. 시작하는 말

해방 이후 좌익 문학가 그룹에서 활동했던 시기의 상허 이태준의 위상은 조선을 대표하는 작가답게 높은 자리를 차지한 것처럼 보였다. 그러나 속내를 들여다보면 문학가 동맹 부위원장이 전부였다. 문학가 동맹 중앙집행위원장에 홍명희, 부위원장에 이기영·한설야·이태준, 서기장에는 권환이 선출되었다는 점에서 힘이 있는 자리는 아니었다. 더욱이 순수문학은 상허 이태준이 유일했다. 만약 상허 이태준이 없었다면 해방정국을 주도하는 문학 단체라는 이름을 붙이기에 부족하고 해방 이후 복원된 카프(KAPF : Korea Artista Proleta Federatio) 정도였을 것이다. 좌익 문학 입장에서는 조선 문학을 대표하면서 상고주의를 성격을 가진 상허 이태준은 급진 좌익문학에 대중성을 가진 우익 문학의 결합이라고 자부심을 갖는데 필요한 존재였을 것이다. 그런 연유로「해방전후」에 등장하는 김직원이 "자자합디다. 현공이 아모래도 이용당하는 거라구"라는 말로 공산당에 이용당하고 있음을 지적하고 있다. 이것은 당시 조선 민중들이 상허 이태준을 바라보는 시각이었다. 그런 의문에 대해 "해방 전에 내가 제법 무슨 뚜렷한 태도를 가졌던 것도 아니구요."라고 말을 하면서 해방 전에 대부분의 친구들이 눈치를 보는 사람들뿐이었는데 해방 이후에는 적극 일을 해야 한다는 입장을 밝히고 있다. 이렇게 세상 사람들 의혹을 받으면서 활동을 시작한 좌익문학가 동맹에서 이태준은 자신의 초심을 계속 유지했는지 의문이 든다. 당시 상황을 냉정히 생각해 보면 우익의 미군정에서 좌익 단체 활동은 작두날 위에 선 것 같은 마음이었을 것이다. 여기에다가 좌익 문학 활동도 '예술보다는 정치'로 흘러가면서 이태준에게는 자신이 갖고 있던 순수문학을 바탕으로 하던 문학적 소신이 참담하게 무너지는 심리적 절망감도 깊었을 것 같다. 따라서 본고에서는 해방 이후 자신 있게 나섰던 좌익 문학가 동맹, 북한 문학과 작가 이태준 간에 드러나는 부조화에 대해서 분석해 보고자 한다.

2. 좌익 문학가 동맹 5대 강령

우여곡절 끝에 탄생한 좌익 문학가 동맹은 자신들이 추구하는 5대 정강 정책을 세워놓고 있었다. 이것들은 겉으로는 새로운 세계를 구축하는 방향으로 선정된 것으로 보인다. 그러나 속내를 들여다보면 공산주의 체제 출범을 위한 초석을 놓으려는 작업에 불과했다. 특히 문학의 자유로운 창작을 허용하지 않겠다는 내용도 포함되어 있는데 알아보면 다음과 같다.

첫째, 일본제국주의적 문화지배의 청산

둘째, 봉건주의 잔재의 청산

셋째, 국수주의의 배격

넷째, 진보적 민족 문학의 건설

다섯째, 조선 문학과 국제문학의 교류

위의 내용을 보면 해방 이후 새로운 문학을 건설하겠다는 의지를 담은 것처럼 보인다. 그러나 속내를 알아보면 이태준에게는 족쇄로 작용하는 내용이 대부분이다. 우선 '상고주의'를 추구하던 이태준의 문학관이 '봉건주의 잔재의 청산'으로 뿌리를 잃게 된다. 또한 이태준은 조선 민족 정체성을 찾기 위해 신라 정신을 바탕으로 하는 「석양」을 썼고 정읍사를 주제로 한 수필 「고전」을 발표했고 추사 김정희 글씨를 모사해서 수연 산방 현판으로 걸 정도였다. 또한 '골동품'이라는 말이 죽은 느낌이라고 주장하면서 '고완품'으로 바꾸어야 한다는 주장을 하고 있으면서 이화여전 교수로 있으면서는 귀한 옛날 물건이 나오면 당시 총장이었던 김활란 박사를 졸라서 구입을 해서 지금의 이화여대 박물관 탄생의 숨은 주역이었다. 이렇게 우리 전통 문화를 아낀 것은 바로 민족주의를 바탕으로 하고 있는데 '국수주의의 배격'이라는 강령은 이태준의 지난 삶과 문학을 포기하라는 강요였다. 이 국수주의 배격한 빈자리를 '국제문학의 교류'로 채우려는 의도를 보이고 있다.

3. 이태준이 지키려고 했던 민족 문학

인용된 5대 강령을 보면 조선의 전통을 무시하고 있으며 민족주의 부정을 하면서 진보적인 민족 문학을 만들어야 한다는 주장을 하고 있다. 더 나아가 뜬금없다고 느낄 정도로 진보적인 민족 문학을 주장하고 있다. 진보적 문학이라는 의미는 기존의 것을 갈아엎고 새로운 것을 만들어야 한다는 것이다. 그 기준에서 보면 상허 이태준의 설 자리가 없어 보인다. 이런 현실을 알아차린 이태준은 좌익문학가 동맹과 곳곳에서 부조화를 보이고 있다.

> 대중을 위해 쉽고 좋은 것을 쓰기 위해 민족적 형식의 기초를 위해 민요, 민담 채집 발표 등도 한편으로 유념할 여유가 있기를 바랍니다.
>
> −《문학 3호》, 「문학가 동맹 여러분에게」, 이태준, 1946년

위의 글은 상허 이태준이 북한에서 자신이 편집장으로 있는 《문학 3호》에 편집 형식으로 투고한 글이다. 내용을 보면 대중을 위해 민족적 형식을 기초로 하고 있는 '민요' '민담' 등을 채집하고 발표해야 한다는 점을 강조하고 있다. 민요나 민담은 과거 역사를 거치는 과정에서 만들어져 전통문화를 담고 있다. 이것은 좌익 문학가 동맹의 강령에서 주장하는 봉건주의 잔재라고 할 수 있다. 강령에서는 청산해야 한다고 내세웠는데 상허 이태준은 채집해야 하고 발표해야 한다는 주장을 내세우고 있다. 또한 민요나 민담에는 우리 민족 애환이 담겨 있는 것이

기본인데 이것에 집착하는 것은 국수주의 배격이라는 주장에도 정면으로 충돌하는 현상을 보이고 있다. 더 나아가 좌익 문학가 동맹에서 최종적으로 추구하는 목표 '진보적 문학 건설'이라는 것에도 관점이 일치하고 있지 않다. 상허 이태준은 민족이 계승하고 유지해 온 민요 민담을 중요하게 생각해 그게 민족의 뿌리이면서 우리 문화라는 일제 강점기에 갖고 있었던 문학관을 분명하게 주장하고 있지만 좌익문학가동맹에서는 그런 것을 깡그리 부정하고 새로운 관점을 가진 진보적인 문학관을 만들겠다는 입장을 갖고 있는 것이 드러난다. 이런 상이한 문학적 시각은 상허 이태준이 좌익 문학가 동맹에 동화되지 않고 있다는 것을 증명하고 있다. 이런 식의 관점 차이는 단순하게 《문학 3호》에서만 보였던 것이 아니라 1946년 6월 '건설기의 조선문학'이라는 주제로 열린 제1회조선문학자 대회 보고연설에서 상허 이태준이 「국어재건과 문학가의 사명」에서 발표한 내용에서도 드러나고 있다.

이날 발표에는 임화, 이원조, 김기림, 박세영, 김태준 등이 등장을 했는데 대부분이 해방 이후 문학판에 공산주의 사상을 결합해야 하는 당위성을 강조하는 내용이었다. 이에 반해 상허 이태준은 '민족과 국어'라는 한계를 지키면서 좌익문학가동맹에서 제시한 정강과는 거리를 두고 있었다는 것이 핵심이다. 주요 내용을 정리해 보면 다음과 같다.

> 언어는 개인의 창작이나 소유가 아니라 대중의 공동생활의 필요에서 만들어졌고 그 민족의 공동제작이며 공동소유인 것이다.

일본도 그 수많은 언어학자와 문학자를 가졌음에도 불구하고 그 오십음 밖에 없는 빈약하기로 세계적인 저의 언어만은 일음을 더 하거나 개혁하지 못하였고 '에스페란토' 같은 공리적인 언어가 탄생 되었으되 이것을 이용하는 민족이나 국가는 아직 없다.

조선의 언어나 문화가 일본의 그것이 침투해 자리 잡을 수 없을 만치 독자적 우수한 실력을 가졌던 까닭인 것이다.

- 「국어재건과 문학가의 사명」, 이태준, 1946년

인용한 내용을 분석해 보면 상허 이태준은 우리 민족의 언어가 오랜 공동생활에서 만들어졌고 전통을 담고 있다는 점을 분명히 하고 있다. 그런데 그런 전통 생활에 근거를 두고 있다는 것은 봉건주의 유용성을 인정한 것으로 작가동맹 정강과는 어긋나 있음을 보인다. 여기에다가 언어를 창달하는 작업이 어렵다는 것을 일본의 언어가 빈약한 50음밖에 안 된다는 점을 지적하면서 수많은 학자와 문학가도 단 한 개의 음도 만들어내지 못했다는 것과 에스페란토 언어를 비유했는데 좌익 문학가 동맹 뿌리라고 볼 수 있는 카프라는 이름이 거기서 유래 됐다는 점을 생각하면 상허 이태준은 분명한 거리감을 갖고 있었다는 것을 반증하는 것이다.

우리는 적어도 2천년 전 삼국시대 초기부터 자민족의 문화기록을 가졌으되 거의가 우리 언어로 기록이 아니요 한문으로 표현된 것이니 말은 물러가고 뜻만 표시된 것이어서 문장을 한문으로 발달되었을 뿐 언어 그것은 입으로만 지껄이는 것으로 유구한 동안 자연 그대로 방치되어 왔고 최근에 이르러 조선어가 어학의 대상으로 민족의 자각을 얻을 무렵에는 더 비참하게 그 국어로서 지위를 일본어에게 빼앗기게 된 것이다.

— 「국어재건과 문학가의 사명」, 이태준, 1946년

    위의 내용을 정리해 보면 우리 민족의 언어는 있었지만 기록은 한문에 의지함으로서 말은 사라지고 뜻만 표시한 것이었다. 이후 한글이 창제되었지만 선비들의 한자에 밀려 민족어로 기능을 하지 못하다가 구한말을 거쳐 개화기가 시작 되면서 언행일치 조선어가 겨우 위치를 찾았다는 것을 설명하고 있다. 그러나 조선이 망하고 일제 강점기가 시작되면서 조선어는 국어로서 지위를 잃어버렸다는 사실을 지적하고 있다. 이와 아울러 일제의 잔재가 남아 있는 언어를 청산하는 것이 중요하다는 점을 인식하고 통상적으로 사용하는 '大日本'이라는 형태의 단어를 남발하여 '大朝鮮' '大國民'이라는 표기 방법을 고쳐야 한다고 역설하고 있다. 또한 단군을 天神化시켜 '신무천황'으로 부르는 잘못을 같이 이야기하고 있다. 이것에 근거를 해서 보면 우리가 아무렇지 않게 쓰는 '치우천황'이라는 명칭이 일제의 잔재라는 것을 알게 만든다. 또한 단어 앞에 '大'자가 붙는 표현들도 문제가 있다는 사실을 인식하게 만든다. 이런 식으로 조선어에 일본식 표현을 끌어다 엮는 과정에서 토착 조선어들이 사라지고 있다는 현실에 대해서 역설하고 있다. 상허 이태준의 주장을 세밀하게 분석해 보면 전통에 대한 인정을 바탕으로 언어를 생각하고 더 나아가 표현을 해야 한다는 논리이다, 그렇게 추진하다 보면 어쩔 수 없이 봉건사회 문화를 인정해야 한다. 좌익 문학가 동맹에서는 봉건 잔재를 청산해야 한다는 주장을 하고 있는데 그 사회 문자와 언어를 바탕으로 삼아야 한다는 논리를 가진 상허 이태준은 함께 같이해야 할 문학적 동지는 아니라는 판단을 갖게 만든 것으로 추측된다.

해방 이후 좌익 문학가동맹에서는 친일 잔재 청산이 주요 목표 중에 하나였다. 일본식 표현을 거부하면서 조선 고유의 것을 찾으려는 행동이 많았다. 조선어에서도 우리 것을 찾으려는 행동은 '일본식 표현'에 배타적인 태도를 취하면서 한자어와 외래어 표현도 반대하는 것으로 나타고 있었기 때문이다. 특히 한자로 표현되는 것을 순수한 우리말로 바꿔야 한다는 주장이 언어학자들 사이에서 있었다. 이것에 대해서 상허 이태준은 우리 전통에 포함되어야 한다는 논리를 다음과 같이 펼치고 있다.

   21세기의 과학적 현실을 억지로 연결시키려는 것과 같은 혼미한 사조
   이런 사조의 경향을 비판 없이 받어 국어 문제에 있어서도 한자어나 외래어 취급에 과학적 견해보다도 관념적인 주관으로 한자와 교섭이 없는 말만을 순수조선어라고 하며 사실상 조선어임에도 불구하고 한자어는 모조리 강제적 번역을 해서 국어의 번안어를 국어라고 하며 '홀소리' '닿소리'식으로 학자 개인의 전용어 같은 부자연한 인조어가 실제로 국민교본에 오르고 있는 것이다.
   이것은 배타적인 국수적인 관념에서가 아니라 단순히 학문적 의욕에서라고 호의로 해석하더라도… 국민전체에게 강요하는 것은… 폐단이 너무 큰 것이다.

— 「국어재건과 문학가의 사명」, 이태준, 1946년

　위의 글을 보면 해방을 맞이하자 일본어를 몰아내기 위해 한자를 안 쓰려는 운동에 대해 부정적인 시각을 보이고 있다. 한자어가 들어간 것은 조선어가 아니라는 감정을 앞세워 모조리 한글식으로 강제적으로 번안을 해서 순수 조선어로 착각을 하고 있는 것을 비판하고 있다. 또 지금도 논란이 되고 있는 홀소리(자음) 닿소리(모음) 식으로 나누어 부자연한 인조어가 국민교본에 오르고 있는 것을 우려하고 있다. 이런 생각을 갖고 있는 것은 한자식 표기가 우리 민족이 전통적으로 쓰고 사용한 것이기 때문에 부정을 하는 것은 문제가 있다는 점을 지적하고 있다. 상허 이태준의 주장이 틀리지 않았던 것이 1980년대 우리말을 써야 한다는 바람이 불어서 한자 사용 철폐 운동과 외래어 한글로 변환(축구 용어 중 GK=문지기, 크로스바=가로막대 등)을 시도했지만 지금은 그대로 사용하고 있는 것이 증명하고 있다. 그런 생각을 앞서 간 이태준은 다음과 같이 자신의 주장을 더 하고 있다.

　한자 때문에 우리말이 독자 발달을 못했고 한자 때문에 우리말이 신어, 관념어 조작에 자율성을 잃어 온 것이 사실이요 그것이 불만인 것이 사실이나 그렇다고 해서 이미 살아 온 민족의 수천 년간의 문화역사를 제외하는 태도로 한자 이전으로 물러가서까지 언어 정리를 하려는 것은 불가능한 일이기도 하거니와 학문이기보다 관념운동인 것이다.

— 「국어재건과 문학가의 사명」, 이태준, 1946년

인용한 내용을 보면 상허 이태준은 우리 민족 전통인 한자 문화에 대해서 인정을 해야 한다는 입장을 취하고 있다. 이것을 확대해석하면 좌익문학가 동맹의 봉건주의타파라는 강령에 반하고 있는 것이다. 이런 관념은 이태준 작품에 보이고 있는 상고주의와 맥을 같이 하고 있는 것으로 좌익문학가 동맹과 다른 관념을 보이고 있다. 좌익 문학가 동맹에서는 새로운 개혁을 표방하고 있는데 반해 상허 이태준은 옛것을 바탕으로 새로운 민주주의를 만들어야 한다는 입장을 보이고 있다. 과거를 인정하지 않고 새로운 것은 창조해야 한다는 극단적 심리는 사회를 망치기도 하는데 대표적인 사례가 1966년부터 1976년까지 10년간 중국의 최고지도자 마오쩌둥(毛澤東)에 의해 주도된 극좌 사회주의운동인 문화대혁명이다. 그 운동으로 중국의 전통문화가 다 파괴된 결과를 보면 알 수 있다. 이태준은 전통의 중요성 특히 언어의 필연성에 대해 다음과 같이 주장을 하고 있다.

> 작가는 민중에게 말을 주기만 하는 것도 아니다. 민중에게 걷우기도 하고 자신이 만들기도 한다. 문학자는 말의 창조자이며 말의 배양자이며 말의 가공자이며 말을 이끄는 자인 것이다
>
> - 「국어재건과 문학가의 사명」, 이태준, 1946년

인용한 글을 보면 작가는 민중에게 말을 주기만 하는 사람이 아니라 그들의 언어를 얻어서 배양을 하는 의무도 있으며 말을 이끄는 책임이 있다는 점을 강조하고 있다. 이것은 해방을 맞아 일제의 조선어 말살(朝鮮語 抹殺) 정책으로 훼손된 언어를 회복시키려는 과학적 접근과는 다르게 민중 안에 해답이 있다는

점을 중요하게 여기고 있음을 알 수 있다. 이런 방식은 제도 개혁을 통해 민중을 일방적으로 이끌어야 한다는 통치방식, 특히 작가도 사회주의를 완성하는 수단에 불과하다는 공산주의 사상과는 동상이몽이라는 것을 파악할 수 있다. 이런 견해는 다음과 같은 내용으로 결론을 내리고 있다.

> 조선어는 표준어 문제, 외래어 문제, 고어 문제, 철자법 문제, 횡서 문제(가로쓰기), 한자 철폐 혹은 제한 문제 등 실로 조선어 유사이래 중대한 시련기에 처해 있는 것이다.
> 언어학자들이 이 모든 문제를 해결해 줄 때까지 붓을 쉬이고 기다릴 것이 아니라… 우리 문학자는 국가재건에 마땅히 제일선책무를 깊이 자각하자는 것이다.
> —「국어재건과 문학가의 사명」, 이태준, 1946년

위의 내용을 보면 국어 현실을 파악하고 문학자들이 적극 주도해야 한다는 생각을 표현하고 있다. 해방정국을 문학자들이 이끌어야 한다는 발상은 상허 이태준이 「토끼 이야기」에서 주장한 '신문학을 위해 대도로 들어설 교량 같은 대작'을 쓰고 싶은 심정과 일맥상통하는 말로 혼란한 시대를 이끄는 문학 리더가 되고 싶었던 것을 드러내고 있다.

4. 해방 직후 북한 지역의 문학 단체 태동

8.15 해방 이후 한반도 정국 흐름은 남쪽에 있었다. 좌익 세

력이 만든 건국 준비 위원회를 비롯 문학 단체 등도 서울을 중심으로 움직였다. 심지어 조선 공산당도 서울에 창립되어 나중에 북한 지역 공산당도 지부로 만들어져 승인을 받을 정도였다. 즉 해방 정국은 서울을 중심으로 움직였고 북한은 주류로 등장할 수 없는 여건이었다. 모든 분야를 파악하는 것은 사실상 어렵기 때문에 상허 이태준이 활동하던 문학 분야를 중점적으로 분석해 보면 다음과 같다.

북한의 문화를 주도하는 기관은 문학예술가총동맹으로 〈문예총〉으로 불린다. 이 단체는 다른 단체보다 늦은 1946년 3월 25일 탄생했다. 이렇게 늦게 출범 하게 된 것에는 여러 원인이 있겠지만 대체적으로 다음과 같이 분석되고 있다.

첫째로 공산주의자들은 문화적 헤게모니에 앞서서 정치적 헤게모니에 치중을 하였다.
둘째로 공산주의자들의 이론적 통일을 갖기 위한 투쟁이 문화 부분에 침투를 꾀할 겨를이 없게 하였다는 것
세째로 문화인을 형성한 인텔리층의 흡수 공작이 급선무가 아니라는 것
네째로 문화인을 묶어 세울 출중한 지도자가 없었다는 것
— 《국민사상지도원》, 『적치 육년의 북한문단』, 현수, 1952년

위의 내용을 보면 북한은 소련이 추구하는 공산주의를 확립하기 위해 문화부분에 치중할 여력이 애초에 없었다. 통상적으로 무산계급을 엮어서 조직화하는 것이 공산주의 기본 구조이

기 때문에 비교적 인텔리층인 문화인을 흡수하는 공작을 펼칠 수 없는 여건이었다. 더 문제가 되었던 것은 일제 강점기에 문화인들 대부분 활동 지역이 서울이었기 때문에 북한에는 대표성을 가진 출중한 문화인이 없었다는 현실적인 문제도 있었다. 당 조직의 구성과 헤게모니를 잡는데 치중을 하는 사이에 북한 지역 문화인들이 모여서 〈평양예술문화협회〉(이하 〈평문협〉)를 결성하고 정식 출범했는데 각 분야별 참여자들을 다음과 같다.

* 문학 – 최명익, 전재경, 오영진, 한태천, 김조규, 유항림, 황순원, 남궁만 등
* 음악 – 김동진, 한시형, 황학근, 김완우, 강효순, 유광덕, 김유성, 백운복 등
* 미술 – 김병기, 문학수, 정관철 등

소개된 명단을 보면 평양에서 활동하던 예술인들이 다 참여를 한 것을 알 수 있다. 이 단체는 주의나 주장을 따지지 않고 문화 예술에 의지가 있는 작가는 누구나 참여할 수 있는 방식으로 구성된 것이 특징이라 할 수 있다. 해방 직후 모든 것이 정치에 연관되어 혼탁한 상황에서 문화 예술도 사상을 나누어서 혼란을 부추기는 것을 피하기 위해 문호를 개방한 것으로 보여지고 있다.

이렇게 〈평문협〉이 공식석상에 등장을 하자 공산당에서는 당황하고 급히 〈평남지구푸로레타리아프로예술동맹〉을 구성했다. 이 단체의 리더는 고일환이라는 인물로 그는 자동차에

확성기를 달아「장타령」을 부르며 공산주의를 선전하였다. 걸인이 구걸하기 위해 부르던 노래로 사람을 모으기 위한 수단으로 사용할 정도로 무지몽매한 사람이었다. 이후 북한을 대표하는 〈프로연맹〉을 출범시켰는데 주요 요직은 고일환과 같이 활동하던 남궁만, 이석진, 심삼문, 한재덕 등이었다. 특히 리더감이 궁색해서 문학예술과는 관계가 없는 친일기자 출신 한재덕을 수필가로 둔갑시켜 위원장에 앉도록 하는 기막힌 일이 벌어졌다.

지방의 문화조직이 필요하다는 것을 판단한 공산당은 당 조직을 이용해서 북한 각 지역에 〈프로연맹〉 지부를 결성했는데 대표적인 사례를 아래와 같다.

* 평북 – 안용만, 김시철, 이원우 등
* 함북 – 김북원, 천청송 등
* 함남 – 한설야, 한식, 이북명, 이찬 등
* 강원 – 이기영, 최원준 등
* 황해도 – 안함광 등

구상한 명단을 보면 〈평문협〉에 비해 지명도가 현저하게 떨어지며 차마 예술단체라고 부르기에도 민망한 수준이었다. 이렇게 급조한 〈프로연맹〉은 북한 문화 예술 헤게모니를 잡고 〈평문협〉을 와해시키기 위해 합동하자는 제안을 한다. 북한 지역에서 활동하는 예술인을 총망라한 〈평문협〉에서는 '합동할 의사가 없고' '회원 가입의 문은 열려 있다.'는 조건으로 거부하는데 이것을 예상한 그들을 다수 회원을 확보하는 등의 대비를 하고 있었다. 〈평문협〉은 어느 정도 수준의 문화 예술인이 참여함으로서 회원이 많지 않다는 약점을 파악하고 마구잡이로 가입시키는 작업을 추진하는 방침을 세우고 집중했다. 그럼에도 북한에는 문화 예술인이 부족한 상황이라 '예술'과는 상관도 없는 사람들을 끌어들이는 작업을 다음과 같이 했다.

* 악극단원 – 일본 군복을 입고 가죽 장화를 신은 공산당 청년들을 가입시킴
* 화가 – 극장 간판을 그리던 사람들을 가입시킴
* 가수 – 유행가 콩쿨대회 명창대회를 열어서 입상자를 가입시킴
* 기타 – 화류계 기생, 카페 여급, 유곽의 창기 까지 예술인으로 등록

이렇게 모은 〈프로연맹〉 예술 회원이 수백 명에 이르게 되었는데 이런 사실을 모르는 〈평문협〉은 두 단체 합동을 위한 모임을 승낙하는 愚를 범하게 된다. 당시 〈평문협〉은 공산정권에 대해서 무지에 가까웠다. 〈평문협〉이 합동을 거부해도 상황이 달라지지 않는다는 것을 모르고 있었던 것 같다. 북한 지역에서 문화 예술단체 합동 준비위는 다음과 같이 진행되었다.

* 〈평문협〉은 각 분야에서 2~3명을 뽑아 대표단을 구성
* 〈평문협〉 회관인 백선행 기념관 옆 경방단본부 사무소에서 〈프로연맹〉을 기다림
* 합동 회의를 하기로 한 날 정각에 수많은 사람들이 모여 장사진

을 형성
* 〈평문협〉은 이들이 방청인들인 줄 알고 감격함
* 이들이 방청객이 아니라 〈프로연맹〉 회원들임이 밝혀짐
* 〈평문협〉은 당황하면서 이들의 자격을 심사해야 한다는 의견을 냄
* 〈평문협〉 주장은 많은 숫자의 〈프로연맹〉 회원들에게 거부됨
* 〈평문협〉은 합동을 할 수 없다고 준비위를 거부함

이런 상황 전개를 보면 이미 북한의 문화예술 헤게모니가 〈프로연맹〉에게 넘어가 있다는 것을 알 수 있는데 회의 표결에서 〈평문협〉은 일방적으로 밀릴 수밖에 없는 상황이었다. 이렇게 예술단체 합동 준비위는 무산되었고 이후부터는 〈프로연맹〉이 본격적인 활동을 하게 된다. 우선 그들은 북한의 모든 극장을 접수하였고 대중들에게는 무료입장 표를 나누어주었다. 또한 각종 콩쿨 대회를 개최하면서 문화 예술을 주도했다. 여기에다가 중국에서 온 공산당원 김창만이 억지다짐으로 만든 「강제병」, 김사량의 「붓돌이의 군복」, 남창만의 악극 「온달장군」을 영웅화해서 공연했다. 또 소련 종군 연극단 〈태평양 함대〉가 내한해서 그들의 연극을 공연했는데 여기에는 〈평문협〉 회원들도 정식 초대되었다.

이후 상황이 모스크바 3상 회의로 조선 반도 신탁통치안 찬성으로 변하고 토지개혁이 단행 되면서 분위기는 강압적으로 변하게 되었다. 이후 문화예술단체 합동하라는 권장이 아니라 명령이 하달되는 상황으로 변한다. 이런 방식으로 추진한 것이 소련에서 온 김파(金波)라는 장교였는데 소련 2세로 알려지고 있

다. 〈평문협〉과의 합동 회의 장소는 〈프로연맹〉의 회관인 '환천당 시계점 2층'이었다. 여기의 모임도 대표자 숫자가 불균형을 이루었으나 당시 분위기는 그것이 문제가 되지 않았다. 옵서버 자격으로 참가한 김파는 합동을 전제로 하고 '문화 예술인 임무 같은 것을 역설'하고 예술인들은 학생처럼 경청하는 사태가 벌어졌다. 이에 〈평문협〉회원이던 김병기를 비롯 몇몇 문화 예술인들이 '문학과 정치'에 반대 의견을 제시하였다. 이런 과정을 거치면서 〈평문협〉은 끝끝내 합동을 하지 않았다. 그 대신 표면상 해체하고 말았다. 〈평문협〉이 해산되자 〈프로연맹〉도 기구를 바꾸어 명칭을 〈북조선예술총동맹〉으로 바꾸었다가 다시 〈북조선문학예술총동맹〉으로 개칭하였고 약칭으로 〈문예총〉으로 불리게 된다. 당시 조직을 보면 위원장에 이기영, 부위원장에는 안막, 서기장에 이찬 등이 감투를 썼고 예하 조직 및 지방 조직은 다음과 같다.

* 평남지부: 지부장 김사량, 서기장 한태천
* 평양시 지부 : 지부장 한재덕
* 문화인부 : 부장 한설야
* 방송국장 : 전재경
* 평안남도 : 고일환

위의 명단을 보면 당시에는 공산주의와 민주주의 문화 예술인들이 섞이어서 사무를 보고 있었다. 이것은 그만큼 북한의 문화 예술 기반이 취약하다는 것을 증명하고 있다. 이런 과정에서 〈문예총〉은 북한 유일한 문화예술단체로 자리를 잡게 된다. 초기에는 특별한 가입 절차 없이 북한의 모든 문학 예술인을 가입자로 간주했다. 결과 회원 숫자가 1만여 명이 넘는 기형적인 형태를 갖고 있었다.

문제는 이렇게 〈문예총〉자리를 잡으면서 민주적으로 조직된 순수문화예술 단체들이 자연스럽게 숙청되는 사태를 맞이하였고 북한 정권이 마음대로 조정할 수 있게 됐다.

북한에 정권이 들어서자마자 가장 힘을 쏟았던 것이 토지개혁 문제이다. 지주를 몰아내고 가난한 농민들 지지를 이끌어내 소련에서 시행하고 있는 공동소유 공동생산 제도로 나가기 위한 시작이었기 때문이었다. 북한 정권은 무상몰수 무상분배를 위해 선거를 치르자는 입장이었다. 그러나 農者天下之大本이라는 개념을 바탕으로 중농주의를 추구해서 소유권 개념이 남달랐던 한반도에서 토지 분배에 대한 문제는 거센 반발을 피할 수 없었다. 가장 대표적인 것이 평남인민정치위원회 위원장을 맡고 있었던 조만식(曺晩植, 1883년 2월 1일 ~ 1950년 10월 18일)이었다. 그는 토지개혁을 반대한 이유로 '조국이 통일되지 않은 상태에서 토지 개혁은 혼란만 가중' '전 인민의 충분한 토의' '전 인민 의사가 제대로 반영될 시기'가 되어야 한다고 지적을 하면서 급속한 진행을 반대했다. 조만식은 토지개혁을 연기시키고 일제 강점기에 억울한 제도였던 반작제(50대50)를 폐지하고 농민과 지주 간에 3.7제를 시행할 것을 제안했다. 이런 현상은 단지 조만식의 개인적 주장이 아니라 보수적 성향을 가진 사람들의 여론을 반영한 것이라 할 수 있다. 이것을 넘어서기 위해 북한 정권은 김두봉(金枓奉, 1889년 2월 16일 ~ 1960년 4월 4일)을 당수로 하는 신민당을 출범시키고 보수 성향의 인텔리들을 가입시켜서 조민식과 대립할 수 있도록 했다. 이후 토지 개혁을 실시하기 전에 조만식을 감금시키는 조치를 취했다. 북한 정권은 토지 개혁 정책을 알리는 수단으로 문화 예술을 이용했다. 그 구체적인 내용을 알아보면 다음과 같다.

어느 날《조선신문》에 소련 2세인 조기천(趙基天, 1913년 1월 6일 ~ 1951년 7월 31일)의「땅」이라는 시가 발표되었다. '서정 서사시'라는 형식으로 4백여 행이나 되었다. 주요 내용은 동양척식주식회사가 세부 측량을 한답시고 주인공 아버지 땅을 빼앗아갔고 그것을 반대한다고 일본경찰에 살해되었다. 그런데 소련 군대가 토지개혁을 해서 땅을 가져다주어서 감사하다는 내용이었다.

이것은 토지 개혁을 홍보하기 위해 쓴 시였다. 그리고 나서 예총(북조선문학예술총동맹 약칭)에 위원장 명의로 출두 명령이 내려졌고 모인 문인들에게 '땅'을 주제로 한 작품을 제출하라는 과업이 내려졌다. 그런 정책에 맞추어 발표된 대표 작품들은 다음과 같다.

　* 이기영 장편 소설『땅』
　* 서일만 희곡『상복을 벗는 날』
　* 한태천 희곡『바우』
　* 백문환 희곡『성장』
　* 최명익 소설『공두풀』

이태준도 북한에서 처음으로 쓴 중편 『농토』를 발표했지만 주인공이 자작농이라는 이유로 많은 비난을 받아야 했다. 이태준이 북한 정권이 추진했던 토지개혁의 최대 수혜자인 소작농을 주인공을 삼지 않은 것은 고의인지 아니면 실수인지 파악이 되지 않는다. 다만 분명한 것은 이태준이 북한 정권이 추진했던 토지개혁 방식에 동의할 수 없는 생각을 가졌던 것으로 보여 진다. 그것은 이태준이 발표한 작품 여러 편에 땅에 대한 애착을 다양한 방식으로 드러내고 있다.

"거 금륭 조합엔 팔백 원에 잽혔다죠?"
"논은 거 하나 있는 걸 우리 일꾼이 다 판단 말 듣군 몇 번이나 아깝댔는지…"

— 《사해공론》, 「삼월」, 1936년

언제 누가 임자로 나서 팔아먹었는지, 100리도 더 될 큰 산을 삼정회사에서 샀노라고 나서 가지고는

— 《가람기획》, 「촌뜨기」, 2005년

김 의관네가 안성인가 어디로 떠나가고, 지주가 일본 사람의 회사로 갈린 다음부터는 제 땅마지나 따로 가진 사람이기 전에는 배겨나가 어려웠다.

— 《가람기획》, 「꽃나무 심어 놓고」, 2005년

"천금이 쏟아진대두 난 땅은 못 팔겠다. 내 아버님께서 손수 이룩

허시는 걸 내 눈으루 본 밭이구, 내 할아버님께서 손수 피땀을 흘려 모신 돈으루 장만허신 논들이야. 돈 있다고 어디가 느르지논 같은 게 있구, 독시장밭 같은 걸 사? 느르지 논둑에 선 느티나문 할아버님께서 심으신 거구, 저 사랑마당엣 은행나무는 아버님께서 심으신 거다. 그 나무 밑에를 설 때마다 난 그 어룬들 동상이나 다름없이 경건한 마음이 솟아 우러러보군 헌다."

– 《서음출판사》, 「돌다리」, 2005년

이태준은 땅에 대해서는 특별한 관심을 보이고 있다. 땅을 잃어버린 사람들의 결말을 비극으로 맺고 있다. 이것은 개화파 아버지의 몰락을 묘사한 「사상의 월야」에서 '종갓집 재산이라 알톨 같은 땅뿐인 것을 허둥지둥 헐값에 넘겨, 십 전짜리 은전과 두 돈 오 푼짜리 백동전으로만 소에 다섯 바리를 싣고 서울로 떠났다.'라고 이야기한 경험이 고정관념으로 자리 잡았기 때문으로 판단된다. 이렇게 소중한 땅의 임자는 「돌다리」에서는 애써 농토를 만든 조상들의 혼이 담겨 있기 때문에 마음대로 처분할 권리가 없다는 생각을 드러내고 있다. 그리고 아버지 말을 빌려서 땅의 주인은 '우리 느르지논 한해 부쳐 보고 싶은 용문이' '길바닥에 나 앉는다고 해도 집을 팔아 우리 독시장밭 논을 사려고 덤비는 문보나 덕길이'라고 생각을 하고 있다. 그렇게 땅은 조상들의 영혼이 담겼고 그것을 소중히 다룰 줄 아는 사람이 땅의 주인이라는 관념을 보이고 있다.

『농토』를 통해서 이태준의 문학은 북한과 맞지 않는다는 것을 보여주고 있다. 이태준은 가난한 자작농에서 조선의 토지문제를 들여다보고 있다. 어차피 농토가 적은 자작농은 농업이 안고 있는 문제를 몸소 체험하고 있는 계층이라는 생각을 했던 것이다. 그러나 북한 당국은 토지분배를 통해서 로또 맞은 것 같은 기분이 된 소작농의 기쁨을 통해서 자신들 정권을 알리고 싶었던 것에 관점 차이가 있다. 이태준 입장에서는 자작농이나 소작농 모두 일제의 잘못된 정책, 예를 들면「꽃나무 심어놓고」에서 '살기 어려워진 농민들이 고향을 떠나는 사태가 벌어지자 마을에 벚나무를 심는 정책'을 야유하면서 얻은 경험을 작품에 담고 싶었던 것이다. 그러나 북한 당국은 수탈자 입장이었던 유산계급 지주의 땅을 무상 수탈해서 무산 계급 소작농에서 나누어주는 은혜로운 정책을 알리고 싶었던 차이가 있다.

또 다른 문제는 이태준은 작품에서 패배자 문학이라고 비판 받을 정도로 자기 것을 잃어버린 사람들을 주인공으로 내세워 작품을 쓰는 작가였다. 예를 들자면 1940년《문장》에 발표한 「밤길」에서 막노동을 하러 간 황 서방이 인천 공사 현장에서 장맛비로 일을 못하고, 아내는 외간 남자와 눈이 맞아 가출을 하고 얼떨결에 맡은 자식마저 죽어서 땅에 묻어야 하는 아버지의 마음을 그려내던 작풍을 가진 소설가였다. 그렇게 식민지 시대의 가난한 사람들의 아픔과 절망 표현을 통해서 독자들 지지를 받는데 익숙했던 이태준이 광복 후 북한정권이 정책적으로 나누어 준 토지를 받아서 기쁜 마음을 표현하는 것에는 무리가 있었다. 이런 작품 속에서 시각적 차이는 작은 것 같지만 예술인을 정권 또는 정책 홍보 수단으로 생각하는 북한 입장에서는 마땅한 작가는 아니었을 것 같다.

5. 북한 문단의 벽에 막힌 이태준

해방정국이라는 특수한 환경은 어쩔 수 없이 문학도 패거리가 필요했다. 자신과 입장이 같은 사람들끼리 하나의 블록을 형성하는 것은 스스로를 보호하면서 외부에는 대항력을 갖는 것이라 할 수 있다. 이태준이 해방 전에 능력을 발휘했던 것은 〈구인회〉라는 문인들 모임 패거리가 있었고 《문장》이라는 보호막이 있어서 가능했던 일이다. 그런 연유로 이태준이 해방정국에 좌익 문학가 동맹 패거리에 합류한 것이라는 생각을 할 수도 있다. 적어도 이태준에게 남쪽은 자신들을 지지하는 독자들이 있고 좌익 문학가 동맹에 가입 여부와 상관없이 과거 활동하면서 구축한 문인들 패거리가 있었다. 그것이 있었기 때문에 성향이 다른 좌익 문학에서도 부위원장, 《문학》 발행 겸 편집인, 《현대일보》 주필, 〈남조선 민전〉 문학부장 등을 역임할 수 있었던 것이다. 이후 북한으로 이주를 하면서 외적으로는 〈북조선문학예술총동맹〉 부위원장, 국가학위수여위원회 문학분과 심사위원 등을 역임했지만 실제 북한에서는 문학 패거리에 들지 못하고 떠돌던 이단아 정도였다. 왜냐하면 북한 정권 입장에는 홀대하기에는 문학적 위상이 크고 그렇다고 인정하기에는 자신들 입지를 잃는 것이기에 한마디로 정의하자면 '쓸모 있어 보이는 굴러 온 돌' 아니면 '계륵' 정도였다는 판단이다. 그런 상황을 알아보기 위해 당시 북한 문단을 정리해 보면 다음과 같다.

첫째, 소련파 – 이들은 주로 소련2세들과 조선신문사 사원들인 몇 명의 작가와 시인들로 조기천, 임하, 전동혁, 정률, 김일룡 등과 조선 신문사계의 김조규, 민병균, 이정구, 조기천을 지지하는 김상오, 오장환 등으로 구성되어 있었다. 이밖에 서로 이익을 위해 야합을 한 김사량, 전재경, 한태천 등 평양에 있던 예술인 등을 지칭한다.

둘째, 舊카프파 - 이들은 일제 강점기에 카프의 맹원으로 북한에 거주했던 이기영, 한설야, 이북명, 이찬, 함광함, 남궁만, 한효, 홍순철 등과 송영, 박세영, 이동규, 윤기련, 이갑기, 조벽암, 신기송 등 월북한 사람들로 소련파와 주도권을 다투고 있으며 겉으로는 북한 문단 헤게모니를 쥐고 있는 것으로 보이는 세력이다.

셋째, 월북파 - 서울서 중앙문화건설협의회에 속했던 월북 작가로 이태준, 임화, 김남천, 안회남, 허준, 조영출 등에다가 평양에 있던 최명익, 유항림 등이 포함되어 있다. 이들은 북한 문단 파벌들에게 가장 견제를 받지만 실력을 인정받아 무시할 수 없는 세력이다.

넷째, 무소속파 - 이들은 북한 정권에 협조를 하지 않았던 세력으로 재능을 인정받아서 북한문단이 경계하면서 매수공작을 벌였던 사람들로 김이석, 김화청, 함윤수, 양명문, 이휘창, 강소천, 한진동 등이다. 이들은 주로 예술적인 것을 쓰려고 했기 때문에 사상적으로 약하다는 집중 공격을 받아야 했다.

위 분류된 내용을 보면 이태준은 좌익 문학가 동맹인 월북파에 속해 있었지만 중요한 것은 문학적으로는 단기필마였다는 것을 알 수 있다. 다른 월북파들은 작품 성향은 구카프파와 유사하지만 순수문학을 추구했던 이태준은 무소속파와 같은 성향을 드러내고 소련파와는 약간의 공통분모를 갖고 있었다. 결국 북한 문단을 틀어쥐고 있던 구카프파들은 단기필마에 가까우면서 실력이 가장 뛰어난 이태준 작품을 다음과 같이 집중 공격을 한다.

* 장편 『농토』 – 토지개혁을 주제한 작품을 과업지시 했는데 자작농을 주인공으로 등장시켰다는 이유로 집중 공격함

* 단편 「첫전투」 – 예술지상주의 작품에서 벗어나 남강원도 어떤 빨치산의 활약을 그린 작품으로 빈약했던 북한문단에서는 보기 드문 수작이었다. 이 작품을 합평하는 자리에서 이태준을 병적으로 미워하고 까내리고 싶었던 한효는 '내가 출판 지도국에 있다면 검열도 통과시키지 않았을 것'이라고 악평을 했다. 이런 억지를 참다 못한 어느 시인이 '그럼 한효 선생은 출판 지도국의 처사에 불만이냐?'고 정면으로 따졌고 그는 땀을 뻘뻘 흘리며 사과를 하는 일이 벌어지는 소동이 생길 정도로 이태준은 북한 기성 문단에 공공의 적이었다.

이런 상황에 몰린 것을 알게 된 소련파는 이태준에게 구원의 손길을 내민다. 그들이 그렇게 한 것은 조선을 대표하는 순수문학파가 월북을 한 것은 공산주의 승리 상징으로 받아들여

졌다. 이태준이 『소련기행』을 발간하고 문맹 퇴치를 주제로 쓴 「호랑이 할머니」를 보고 소련파는 적극 나서서 다음과 같이 적극 보호를 했다.

* 구카프파의 반대에도 불구하고 공작을 해서 이태준을 〈북조선문학예술총동맹〉 부위원장으로 만들었다.

* 《노동신문》 주필인 소련2세 기석복에게 이태준을 연구시켜서 이태준론을 강연하도록 했다. 수차례에 걸쳐 한소문화협회 주최로 이태준론을 하였는데 「꽃나무 심어 놓고」 등의 작품을 주제로 분석 강연하였다. 그 내용은 이태준의 작품에는 窮民소설이 주제로 공산주의가 추구하는 사상과 정책과 일치한다는 점이었다.

이태준은 서울에서 선택한 좌익문학과 북한의 문학이 다르다는 것을 알고 있었다는 생각이다. 북한 정권이 요구하는 문학에 동참하지 못했던 것은 성격상의 문제도 있고 그동안 추구했던 작품관에서 완전히 탈피하지 못한 약점을 보이고 있다. 그런 상황에서 북한 문단을 틀어쥐고 있는 구카프파들은 이태준의 우월한 문학 실력이 자신들에게는 위협이 된다는 사실을 알고 방해 공작이 심했다는 것을 추측할 수 있다. 또한 같은 시기에 월북한 세력들도 자신들 생존에만 급급했고 애초 이태준과는 다른 길을 걷던 사람들이어서 큰 도움이 되지는 않았던 것 같다. 그런 연유로 박남수 시인이 쓴 『적치 6년의 북한문단』에는 무소속파 문인들과 교류가 있었을 때 이태준이 '지금 북한은 자신이 꿈꿨던 세상은 아니지만 발전하는 과정'이라는 이야기를 했다는 것은 북한 문단과의 분명한 차이를 보여 주고 있다. 다행히 소련파의 지원이 있었지만 그것은 그들의 몰락과 동시에 이태준도 무장해제 되는 불행이 준비되어 있었다는 판단이다.

6. 『소련 기행』 출간과 북한 문학과의 괴리감

이태준의 몰락은 해방 직후의 좌우익 대립 사이에서 갈등이 빚은 산물은 아니다. 왜냐하면 좌익을 선택했다고 해도 우익으로 전향하는 것은 큰 문제가 되지 않았기 때문이다. 잠시 선택적 오류를 인정하고 순수문학으로 복귀하더라도 당시에는 비난이 있겠지만 이태준에게는 순수문학이 더 어울리기 때문에 후 폭풍이 심하지 않을 것이다. 그럼에도 전향을 하지 못한 것은 북한에 전 가족이 있었고 사회주의 혁명에 성공한 소련에 대한 맹신이 있었기 때문으로 추측되고 있다. 이태준이 소련에 기대를 가졌던 것은 '지금은 만족하지 않지만 미래에는 도달할 것이라는 희망'을 바탕으로 하고 있다. 그것을 증명하는 것이 소련방문단 일원으로 참석하고 난 뒤에 내리는 평가이다. 이태준이 방문한 소련 기행은 1946년 8월 10일~10월 17일로 약 70일간 일정으로 추진되었다. 구체적으로 소련을 견학한 것은 아래와 같다.

  * 비행기로 모스크바에 도착
  * 남쪽으로 우랄산맥을 넘어 남쪽에 있는 중요한 두 공화국인 아

르메니아 공화국과 꾸루지아(크로지아) 공화국 방문
* 스탈린그라드로 가고 다시 모스크바를 거쳐 레닌그라드로 감
* 다시 모스크바 '붉은 광장'에 서는 것으로 여행을 끝마침

위와 같은 일정으로 한 체제를 파악하기에는 짧은 시간이었다. 소련이 자랑하고 싶은 곳을 방문하고 돌아오는 것으로 요즘 말로 표현하자면 '선진지 견학' 수준이었다. 그것을 바탕으로 쓴 『소련기행』에 얼마나 진정성이 담겨 있을까 하는 의문이 들지 않을 수 없다. 이런 지적을 하는 이유는 당시 소련이 자신들의 사회주의 혁명을 자랑하기 위해 초청한 앙드레 지드(프랑스, 1869년 11월 22일~1951년 2월 19일)는 다른 의견을 내고 있기 때문이었다. 그가 저술한 『소련의 모순』에서는 소련의 문제점을 아래와 같이 지적하고 있다.

첫째, 소련에는 특권계급이 생기고 있다.
둘째, 소련에는 모든 것이 획일적이다.
셋째, 소련의 문화는 발전되지 않았다.

앙드레 지드는 구체적으로 지적을 했는데 우선 첫 번째 문제는 스탈린에게 전보를 치려고 했을 때 직원이 내용 머리에 '위대한' 문구를 넣어 달라는 것을 보았다고 한다. 이것을 보고 소련은 평등사회가 아니라 특권계층이 만들어지고 있다고 지적을 했다. 그것을 증명이라도 하듯이 평등사회라는 북한에서 김일성 존칭 앞에 '위대한 영도자'라는 문구를 붙이는 것은 스스로 계급을 만들고 있다는 것을 증명하고 있는 사례라는 판단이다.

앙드레 지드가 두 번째 문제로 '획일성' 근거로 학교를 들고 있다. 학교의 명칭이 제1호중학교, 제2호중학교 등의 번호를 붙이는 것과 학교 특징이 없는 것, 과목의 제한, 교과서 내용이 극히 배타적으로 학생들을 공장에서 물건 찍어내는 듯하다는 점을 지적했다. 이에 이태준은 소련의 학교에는 획일성만 있는 것이 아니라 학생들 재능을 개발하기 위해 〈아동궁전〉 기관을 운영하고 있다고 주장한다. 즉 음악가를 만들기 위해 음악 교사가 책임지고 육성해 내는 방식으로 이것이 획일성을 탈피하는 근거로 제시하고 있지만 문제는 '영혼이 자유로운 음악가'가 아니라 '소련 체제 우월성을 홍보하는 음악 일꾼 양성'이라는 사실을 간과하고 있었다.

앙드레 지드가 세 번째로 지적한 '소련 문화 미발전'에 대해서 이태준은 문화발전을 하기에는 너무 기간이 짧았다는 주장을 한다. 소련의 경우 사회주의 혁명이 1917년 일어났었다. 이태준이 소련을 방문한 것이 1946년으로 약 30년 세월이 흘렀다는 점에서 기간이 짧았다는 생각에 오류를 보이고 있는 듯하다.

이태준의 『소련기행』은 공산주의 국가로 막 출범한 북한에서는 훌륭한 체제 홍보가 되는 책이었다. 그럼에도 북한에서 발간되지 못하고 남한에서 출판된 것은 다음과 같은 이유가 있다.

  * 북한 예술인들은 이태준을 병적으로 미워해서 『소련기행』 북한 출판을 결사적으로 막음

＊『소련기행』은 북한이 원하는 문학 형태가 아니었음

　북한의 문학가들은 실력으로 이태준을 도저히 따라 갈 수 없다는 사실을 알고 지속적으로 방해 공작을 펼쳤고 당시 북한은 서정성을 배격하고 인간의 내면을 탐구하는 표현 등을 배격하면서 사상이 없는 것은 문학으로 다음과 같이 인정하지 않았다.

　평양에서 해방직후 사화집 『관서시인집』이 발간되었는데 그 책에는 해방 전의 작품도 실려 있었다. 그중에서도 문학계장인 양명문(楊明文, 1913년 11월 1일 ~ 1985년 11월 21일)의 시 「바람」이 무사상이면서 형식주의라고 김창만이 강력하게 비판을 했다. 또한 원산에서 발간된 종합시집 「응향(凝香)」이다. 이 시집은 감성적인 내용이 많은데 '임을 그려 남쪽 하늘을 바라보는 사랑의 노래'라는 구절에서 남쪽이 등장한 것이 문제가 되었다. 그리고 임이라는 단어는 자본주의 산물이고 사상성, 현장성이 없다는 지적을 받고 김사량 시인 등이 직접 원산으로 내려가 지도를 하는 일이 벌어졌다. 이후 북한 문학은 사상만 담겨 있는 소위 '뼈다귀 문학'이 자리 잡게 되었다. 이런 문학 흐름에서 이태준의 『소련기행』은 북한 체제와는 맞지 않은 내용이 아래의 사례에서 담겨 있다는 것을 알 수 있다.

　　朝鮮엔 山만 그득 차있는 것이 눈에 새삼스러웠다. 太白山脈의 솟아오른 뫼뿌리마다 불붙듯한 丹楓이 한풀 꺼져 가는데, 江色 고흔 平壤은 아직 綠陰도 나붓기는 따스한 첫 가을의 날씨였다.

　　　　　　　　　　　　　　　－《백양당》, 『소련기행』, 1947년

위의 글은 『소련기행』의 마지막 부분이다. 이태준이 소련을 방문하고 돌아오는 비행기에서 평양의 모습을 묘사한 것이다. 글의 내용이 한편의 그림 보는 듯한 서정과 애수가 담겨 있다. 북한 정권은 아무리 소련을 방문하고 쓴 글이라 해도 자신들이 원하는 사상이 담겨 있지 않다는 판단에서 남쪽의 《백양당》에서 출판하도록 한 것으로 보인다. 이런 사례를 보면 이태준의 문학은 북한과 부조화를 보이고 있었고 결국 제대로 된 작품 한편 쓰지 못하고 북한 문단에서 도태되는 운명을 맞이한 것으로 보인다.

7. 나가는 말

1946년 제1회 조선문학자대회에서 건설기의 조선문학이라는 주제로 열린 곳에서 이태준이 발표한 「국어재건과 문학가의 사명」에는 해방으로 전환기를 맞아 문학인으로 해야 할 일을 조목조목 나열하고 있다. 우선 문학의 기본이 되는 언어의 전통을 보존하고 일본에 의해 침탈 당한 언어문화를 제자리에 갖다 놓아야 한다는 점을 역설하고 있다. 이것은 새로운 문화의 창조가 아니라 원상회복 개념이다. 좌익 문학가 동맹에서 강령으로 내세운 '봉건주의 잔재의 청산'이 아니라 언어문화 분야에서 만큼은 '봉건주의 회복'을 주장하고 있다. 이것은 좌익 문학가 동맹 기관지 《문학 3호》, 「문학가 동맹 여러분에게」에서 '민족적 형식의 기초를 위해 민요, 민담 채집 발표'를 강조한 것과 맥을 같이 하고 있다. 여기서 주장하는 민족적 형식은 봉건주의 형식이라는 의미와 같은 것으로 이태준은 상고주의를 버릴 수 없는 작가라는 것을 증명하고 있다. 이것보다 더 심각한 것은 이태준은 해방 조선에 우리말을 되살리기 위해 '조선어는 표준어 문제, 외래어 문제, 고어 문제, 철자법 문제, 횡서 문제, 한자 철폐 문제를 역설하고 있다는 점이다. 그러나 북한 정권은 그런 문제에는 애초 관심이 없었고 문학은 자신들의 체제를 확립하기 위해 공산당원 김창만이 억지다짐으로 만든「강제병」, 김사량의「붓돌이의 군복」, 남창만의 악극「온달장군」을 영웅화해서 공연할 정도로 이질감이 컸었다. 또한 북한 정권이 조만식과 각을 세우면서도 추진한 토지개혁 문제에서도 관점이 발생한다. 이태준은 '토지=전통문화 계승'이라는 공개념을 갖고 있지만 북한 정권은 '토지=정권탄생 선물'이라는 체제 유지 전유물 정도로 생각하고 있었다. 이런 차이는 이태준이 북한에서 처음 집필한 중편『농토』의 주인공이 소작농이 아니라 자작농이라는 이유로 비난을 받게 만든다. 땅에서 농사를 짓는 사람은 누구나 평등하다는 것은「돌다리」에 등장하는 농부인 아버지가 주장을 빌려 이야기한 내용이지만 북한 정권은 소작인들만 땅의 주인이라는 논리를 펼치고 있어 이태준과는 같은 길을 갈 수 없다는 것을 증명하고 있다. 이밖에도 북한 문단은 패거리로 나뉘어 자신들 이익을 지키려는 파벌주의는 이태준의 문학 실력과는 상관없이 이단아가 될 수밖에 없었다. 총체적으로 판단을 하면 이태준이 추구하는 문학과 북한 정권의 목표는 동상이몽을 하고 있었다는 느낌이다. 해방이라는 흥분이 가라앉고 난 뒤에 이태준과 부조화를 보이던 문제들이 '사마귀가 잡은 잠자리 진액을 서서히 빨아 먹듯' 한 시대 위대한 작가를 조금씩 조금씩 몰락의 구덩이로 내몰고 있다는 것을 보여주고 있는 사례라는 생각이다.

Ⅷ 작가 이태준이 해금되는 과정

1. 시작하는 말
2. 작품이 해금 되는 과정
3. 해금을 요구 하는 목소리 높아져
4. 이념을 넘어선 1988년 해금
5. 1988년 해금 작가 명단
6. 나가는 말

Ⅷ 작가 이태준이 해금되는 과정

1. 시작하는 말

 예술을 이념의 틀에 맞추는 것은 자유로운 새를 새장에 가두는 것과 같다. 결국 새는 적응 하지 못하고 죽거나 아니면 새장이라는 틀에 맞춰서 생존해야 한다. 그런 관점에서 보면 해방 정국 이후 좌우익 대립 속에서 두부모 잘리듯 남한 북한 문학이 나뉜 것은 정신적 분단을 초래한 것과 같다. 한국전쟁을 거치면서 남북한의 대립의 각은 예리해졌지만 시간이 지나면서 우리 민족 문학 복원에 대한 요구가 높아졌다. 그런 현실적 분위기를 무시하고 거꾸로 가는 시계처럼 이념의 잣대로 이태준을 비롯한 월북 작가들 작품을 금서로 묶어 놓는 것에는 한계가 있었다. 왜냐하면 문학성이 뛰어난 작품을 작가들이 북쪽으로 향했기 때문이다. 남쪽에 남은 작가들 작품으로는 문학의 체계를 제대로 세울 수 없는 한계에 직면한다. 세상 이치가 그렇듯이 모든 흐름은 진보와 보수라는 두 개의 담론을 축으로 움직이는데 한쪽 날개를 가진 새의 모양으로 문학의 방향이 제대로 될 리가 없었다. 실제 상황을 보면 남쪽에서 북으로 향한 작가들도 공산주의 문학 측면에서는 이용가치가 없어서 전부

숙청을 하는 비극을 맞이했었다. 즉 남쪽에서는 판금 조치를 당하고 북한에서는 몰락을 하는 바람에 낙동강 오리알 신세가 되고 말았다.

남쪽에서는 처음에는 저주에 가까운 공격을 했지만 북한에서 버림받는 상황에 이르자 공격을 해도 상관 없는 일로 결국에는 동정론이 일어날 수밖에 없었다. 또 越北作家群들이 쓴 작품이 해방 전에 쓴 것으로 공산주의 사상을 담은 것이 거의 없어서 배타적일 필요가 없다는 점도 작용했다. 이런 변화는 결국 월북 작가들을 작품을 解禁해야 한다는 목소리가 높아지도록 만들었다. 이렇게 노골적으로 해금을 요구하던 과정을 이태준을 중심으로 알아보면 다음과 같다.

2. 작품이 해금되는 과정

상허 이태준 작품이 해금되는 과정은 한반도 역사와 흐름을 같이 하고 있다. 해방 이후 우익과 좌익으로 나뉘면서 각 진영에서는 상대방의 작품을 부정했다. 이태준이 재능을 발휘하던 무대였던 서울에 진주한 미군정에서는 금지 서적으로 묶어 버렸다. 이름이 언급되는 것조차 금지되었고 특히 한국전쟁을 거치면서 더 강한 압박이 가해졌다. 문학적 성과와는 상관없이 좌익 작가로 판명된 사람의 작품은 불온서적으로 버려졌다. 그 과정을 알아보면 다음과 같다.

* 1948년 12월 10일 – 이태준 『소련기행』 발매 금지령
* 1951년 10월 7일 – 이태준 서적물 판매 금지과 문필 사용 금지
* 1957년 3월 2일 – 이태준 등 월북 작가 작품 교과서에 사용하지 않도록 지시
 – 출판업자들에게 월북 작가 작품 출판 및 판매 금지 지시

위의 내용은 이태준의 서적의 판매 금지에 관한 것으로 『소련기행』을 시작으로 한국전쟁이 발발한 뒤에는 모든 책과 이름을 사용하는 것이 금지되었다. 한국전쟁이 끝나고 나서는 교과서에 사용하는 것 출판업자들이 작품을 출판하거나 판매하는 것이 전면적으로 금지되는 사태로 발전하게 된다. 문제는 월북한 작가들 대부분이 당대를 대표하던 사람들로 남한에서는 언급되는 것조차 금기되면서 우리나라 문학이 빈약한 상황이 되었다는 점이다. 월북 작가를 언급하는 것은 금지시켰지만 그들에게 처해진 불행한 상황에 대해서는 언론 매체를 이용해서 대대적으로 홍보를 하는 일은 지속 되었다. 즉 북한으로 가서 몰락한 사람들 이름을 거론하는 것은 허용되었는데 이태준에 관한 내용을 정리해 보면 다음과 같다.

* 1953년 8월 18일 《조선일보》 – 이태준, 임화, 김남천, 최명익, 김순남 월북한 수십 명의 작가 반동 혐의로 숙청
* 1955년 11월 19일 《경향신문》 – 교과서에 실려 있던 이태준, 임화, 김남천 작품을 반동 문학으로 규정하고 모두 삭제함
* 1957년 10월 26일 《조선일보》 – 이태준 《함남일보》 교정부장으로 쫓겨가 있음이 확인됨

* 1961년 10월 14일《동아일보》- 이태준《함남일보》교정부장으로 있다가 행방불명 중이라는 기사가 보도됨
* 1962년 6월 6일《동아일보》- 이태준이 반동 작가로 몰려 각종 출판 교정원으로 전전하다가 함북청진 제련소 내에 조그만 편집부에서 일을 한다는 내용의 기사가 보도됨
* 1963년 6월 25일《조선일보》- 이태준이 북한 정권에 맞는 작품을 쓰지 않는다는 이유로 〈작가동맹〉에서 추방되었다는 기사가 보도 됨
* 1973년 7월 17일《동아일보》- 평북 인쇄공장 교정공으로 쫓겨간 이태준 기사 게재됨
* 1984년 8월 2일《경향신문》- 1958년 이태준이 함흥 콘크리트 블록공장 뒷마당에서 파고철을 줍는 모습을 하고 있었다는 기사가 보도됨

위의 내용을 정리해 보면 이태준은 임화, 설정식 시인처럼 사형이라는 극형을 받지는 않았다. 그러나 작가로서 생명이 끝난 것을 알 수 있다. 지방 신문 교정원으로 있다가 다시 교정공으로 전락을 했다는 보도가 있었고 나중에는 콘크리트 블럭 공장에서 파고철을 줍는 노동자로 전락을 했다는 이야기가 있다. 이런 몰락은 이미 예견된 것이었다. 북한은 남한에서 38선을 넘은 작가들을 최대한 우대를 하는 것처럼 행동을 하였지만 한국전쟁 실패의 책임 전가 대상으로 삼은 듯하다. 북한 내부의 국내파들을 문학 일꾼으로 키우려는 목적에 걸림돌이 되는 세력들을 일시에 제거하는 과정에서는 대한민국 단편 소설의 완성자로 평가받는 이태준도 예외가 없었던 것으로 보인다. 이런

상황을 냉정히 보면 이태준을 비롯한 월북 작가들은 남한 북한에서 모두 외면 받는 상황에 처하게 된다. 그나마 다행인 것은 월북 작가들의 작품과 필명을 거론하는 것을 금기시했던 남한에서의 상황이 서서히 바뀌는 징조가 보이고 있었다는 점이다. 그런 과정을 알아보면 다음과 같다.

* 1960년 8월 18일《동아일보》– 동요 작곡가 윤석중씨는 특별 기고를 통해서 어린이들을 위한 문학에는 기성 작가들 참여가 필요하다면서 '월북 전 이태준, 박태원, 현덕 등의 어린이를 위한 작품'을 언급하면서 정부의 필명 언급 금지 원칙에 반하는 내용을 처음으로 게재를 함

* 1963년 3월 15일《동아일보》, 「3월의 잡지」 월평 – 월북 작가의 문학적 심판이라고 하여 이태준, 김기림, 정지용, 박태원, 임화 등을 각 적임필자에게 씌우고 병재작품 하였다… 언제고 문제 삼아야 할법한 그들의 문학 내지 문학인적 심판의 일부인데 그 심판은 반드시 우리가 매도만의 수가 아니라 동족적인 애정에서 정당한 비판이 있어야 할 것을 먼저 손댄 것이라고 본다.

위의 내용은 잡지《신사조》에서 월북 문인 이름과 작품을 소개했다는 것을 알리고 있다. 당시에 월북 작가 작품을 싣는다는 것은 구상 시인이 1956년 발표한 「초토시-적군 묘지 앞에서」처럼 대단히 용기 있는 일이었다. 그런 행태에 대해서 '매도만 할 것이 아니라 애정을 바탕으로 한 정당한 비판'이 있어야 한다는 서평을 하고 있다. 이것은 월북 작가들의 사상에 얽매

이지 말고 작품에 올바른 평가를 바라는 새로운 시각이 만들어지고 있다는 것을 알 수 있게 하고 있다.

　이때의 작품들은 사상적 색체들이 거의 들어 있지 않은 순수문학 작품이고 보면 과연 언제까지나 이들 작품들을 장막 속에 깊이 가두어둬야 할 것인가 문제가 당연히 제기되어야할 것 같다. 더구나 한국 현대 문학사를 다루는 입장에서는 조그만한 공백도 당혹감을 갖게 된다. 민족의 정통성을 찾고 문화유산 계승이라는 문제가 운위되는 지금 이들 문학작품에 대한 평가와 함께 비판 작업을 가할 때가 되지 않았을까하는 논의가 문단과 학계 일각에서 조심스럽게 일고 있다.
　이 문제가 비공식 형식으로 표면에 드러나게 된 것은 지난 8일 (1977년 2월 8일)에 있었던 국토통일원 고문회의에서였다.
　이 자리에서 소설가 선우휘씨가 "문학사를 연구하는 분들 얘기를 들어보면 월북 작가들에 관한 문제가 터부시되고 있어 연구에 지장이 있다고들 하는데 실제 그들 중에는 자진 월북했는지 납북됐는지 불분명한 사람도 있음으로 선별하여…" 이런 의견에 이용희 통일원 장관도 원칙적으로 동감을 표현한 것으로 알려지고 있다.
　　　　　　　　　　　　　—《조선일보》,「聞外聞」, 1977년 2월 9일

　위의 내용은 남한에서 월북 작가라는 이름으로 터부시하던 것에 대해서 해제를 요구하는 첫번째 목소리였다. 소설가 선우휘는 통일원 장관과의 자문회의에서 북쪽으로 갔다는 이유로 금서로 취급을 하는 것은 문학사 연구에 지장이 있으며 또 그들 중에는 이광수 소설가처럼 북한정치보위부원들에게 납치된 경우가 있기 때문에 납북과 월북의 구분이 필요하다는 주장을 하고 있다. 이런 기준에 만들어질 경우 이태준이 월북 작가인지 명확하게 구분되어야 할 것으로 판단되고 있다.

문학평론가 백철(본명 白世哲, 1908.3.18 ~ 1985.10.13)씨는 "한반도를 대표하는 국가는 대한민국이며 따라서 우리 문화를 계승함에 있어서 우리가 정통의 입장에 선다는 것은 당연한 논리라는 주장"이다.

구체적인 방법론 중에 하나로 ①월북 후 작품은 대상에서 모두 제외 ②월북 후 공산정권에서 중요된 사람 작품 제외하는 것이 한 방법이라고 말하고 있다.

월북 작가로 지칭되는 사람들 중 문학사적 입장에서 다루어져야 할 사람으로
  * 시 – 김기림, 오장환, 정지용, 백석
  * 소설 – 이태준, 김남천, 박태원, 안회남, 최명익, 현덕, 허준
  * 희곡 – 함세덕
  * 평론 – 이원조 –《조선일보》,「납북작가 터부시해야 하나」, 1977년 2월 22일

인용한《조선일보》내용을 보면 선우휘 소설가에 이어 평론가 백철도 월북 작가에 대해 터부시하는 것에 반대 의견을 내놓고 있는 것을 볼 수 있다. 그의 입장은 대한민국은 한반도에서 UN의 승인을 받아서 총선거를 통해 탄생한 유일한 합법 정

부이기 때문에 모든 작가들을 수용할 수 있는 자격이 있다는 주장이다. 즉 한반도의 문학사는 대한민국이 주인이라는 입장으로 월북 작가들을 멀리할 이유가 없다는 논리를 펼치고 있다. 그렇다고 해서 전부를 수용하는 것이 아니라 '월북 후의 작품 배제' '중요 요직을 맡은 작가 배제'라는 두 개의 원칙을 기준점으로 내세우고 있다. 이것은 앞에서 이야기한 것처럼 월북 직전까지 쓴 작품들은 사상이나 이념이 담겨 있지 않은 순수 문학이라는 점에서 배타적 태도를 취할 명분이 없다는 것이다. 또 하나의 조건은 북한 정권에서 버림받은 문학인들을 우리 대한민국 문단에서 포용해야 한다는 전향적인 태도로 바뀌고 있다는 것을 보여주고 있다.

평론가 백철은 김기림, 정지용 시인 등은 월북이 아니라 납북된 것으로 그의 작품을 금서로 만든 것을 가혹한 처사라고 지적을 하면서 이태준이 허용된다면 반드시 연구 대상으로 삼아야 한다는 의견이 지배적이라는 주장을 펼치고 있다. 납북 작가와 함께 이태준을 포함시켜야 한다는 주장은 대한민국 문단사에 남긴 족적이 너무 크다는 것을 반증을 하고 있는 것이라 할 수 있다. 그는 이태준 작품 중에서 『달밤』, 『가마귀』, 『복덕방』, 『이태준 단편집』 등을 연구해야 할 필요가 있다는 주장을 펼치고 있다. 이런 기사는 월북 작가들을 금기시한 것을 풀어줘야 한다는 주장을 담은 것으로 반공주의에 통제된 문학이 독자들 손으로 돌아오게 만드는 새로운 기점으로 작용한 것으로 평가된다.

이태준의 작품 해금이 처음 건의된 것이 1977년도이다. 서슬 퍼렇던 반공 제일주의 시대에 파격에 가까운 제안을 한 것은 작가들이 우리 대한민국 문학을 얼마나 아끼고 있는지를 보여 주는 사례이다. 백철 평론가나 선우휘 소설가들이 강제 납북을 당했음에도 남한에서 작품 금지를 당했던 작가들을 언급하면서 이태준을 같이 거론한 것은 의미가 있는 일이다. 즉 작가들도 소설가 이태준이 북한으로 발길을 옮긴 것이 사상적 선택이 아니었다는 점을 인지하고 있었고 북한에서도 별 다른 활약(?)을 하지 않았던 것을 반증하고 있는 사례일 것이다. 그런 것을 증명하는 것이 1978년 3월 20일 《조선일보》「문학적 가치의 초점」라는 주제로 보도된 내용이다. 이 토론에 참가한 작가는 백철 평론가, 김동리 소설가, 김윤식 평론가이다. 그들이 주장한 내용을 요약하면 '규제 완화의 문학사적 의의' '대상 작품의 범위' '재평가 방법상 문제' 등이다. 이 토론자들이 구체적으로 이태준에 대한 평가를 요약해 보면 다음과 같다.

* 이태준, 정지용, 김기림 등 〈카프〉에 적대감을 갖고 있었던 사람들(백철 주장)
* 이태준이나 정지용이 올라가고 말았지만 해방 전 그들의 작품에는 전혀 사상성이 없어요(백철 주장)
* 해방 후 임화 일파가 핵심이 되었던 〈문학가 동맹〉은 처음부터 마르크스주의나 계급주의를 내세우지 않았고 슬로건이 '민족문학수립'이라는 슬로건을 내걸었어요,
* 이태준, 정지용, 김기림 등은 임화의 속셈을 알아차리지 못했고,,, 이들은 공산주의자들이 아니었고 문학의 내용에서 그런 내

용을 찾아볼 수가 없어요.(김동리 주장)
　* 이태준의 작품은 소위 순수문학계열이고 정치적인 복선은 전혀 없을 뿐만 아니라 사상이 있다면 주류는 민족주의에 가까워요(김동리 주장)

위의 내용에서는 아주 중요한 사실을 담고 있다. 이태준이 카프에 반대했다는 사실은 이미 알려진 내용이고 해방 이후 좌익 문학가 동맹은 '민족문학수립'이라는 슬로건을 내세웠다는 것이다. 이태준은 상고주의를 바탕으로 소설을 쓴 사람이기 때문에 같은 경향이라 판단을 하였고 이후 우리 문화에 대한 집착을 보인 것과 맥을 같이하고 있다. 소설가 김동리는 이태준은 민족주의 작가라고 분명한 경계를 구별해 놓고 있으며 해방 전의 작품은 순수문학 영역이라고 단정하고 있다. 이것을 보면 이태준의 삶이나 작품은 좌익과는 거리가 있기 때문에 옛 카프 작가들과는 다르게 평가해야 한다는 주장을 하고 있다.

이런 주장은 당시 상황을 반영한 것으로 어쩔 수 없이 금지 작가들 문학작품을 소개할 때 '李ㅇ俊' '鄭ㅇ容'로 표기를 해서 학생들이 '이공준' '정공용'으로 알고 있다는 지적이 있었다. 또한 문학사를 연구할 수 없는 지경에 이르자 '국토통일원에서는 문학사 연구에 한해서 월북작가 작품 규제를 환화한다.'는 자료를 국회에 제출하게 된다. 그동안의 철옹성 같이 금지했던 규정이 풀리는 계기를 마련한 것으로 판단된다. 이렇게 월북 작가들에게 대한 훈풍은 문인들이 직접 나서서 학문적 연구 대상에서가 아니라 일반 독자들에게 허용해야 한다는 결정적인 목소리가 1983년 3월 15일 《동아일보》에 다음과 같이 터져 나오게 된다.

한국문인협회 납북작가 대책위원회에서는 '정지용, 김기림 작품 출판 허용 건의' '박태원, 이태원 작품은 정부와 공동 연구'를 건의하면서 '우리 문학사의 중요한 부분... 정부의 개방 정책과 발맞출 것'을 강력하게 요청하고 있다. 또 이날 참가한 작가는 '이항령, 김근배, 황명, 성기조, 원형갑 등 10여 명의 문인'으로 다음과 같은 내용을 건의하고 있다.

* 북한에서 전혀 용납되지 못했던 작가 박태원, 이태준 등에 대해서도 그들의 작품 성격 및 과거 행적을 조사하기 위해 정부 당국과 공동조사연구회를 구성할 것을 제의 했다.

위의 내용을 보면 이태준에 대한 이야기가 끊이지 않고 거론되고 있음을 알 수 있다. 이런 현상이 벌어진 것은 대한민국 단편소설의 완성자로 평가될 만큼 독보적인 작품을 발표했으며 내용도 사상과는 관계없는 순수 작가라는 점이 공인된 것이라 할 수 있다. 여기에다가 지속적으로 언급되는 것은 이태준이 북한 체제에서도 전혀 용납되지 않았다는 점, 즉 북한에게 협조하지 않았다는 사실이다. 북한 당국도 이태준을 달갑지 않게 여겼다는 내용이 1987년 8월 13일 《동아일보》에 실려 있는데 소개해 보면 다음과 같다.

이태준이 북한에 오니까 그에 대한 기대가 대단해 잠재적인 독자가 많았다. 북한 당국은 이를 그냥 놔둘 수가 없어서 이태준 문학 비판회를 열어 과거의 모든 작품을 여지없이 비판하고 완전히 금서 처리해 버렸다.(고려대학교 신인철 교수)

인용한 글을 보면 이태준이 북한에 왔을 때 북한 정권이 그의 인기에 대해서 경계를 한 사실이 있음을 알 수 있다. 이것을 막기 위해 문학 비판회를 열어 가차 없이 난도질한 다음에 금서로 처리하고 있었다. 결국 이태준의 작품은 남한에서도 금서였고 북한에서도 같은 대우를 받았다. 이것은 이태준 순수문학이 북한 체제와는 맞지 않았다는 것을 반증하는 것으로 실제 대한민국이 추구하는 문학과 같은 맥락을 유지하고 있었다는 것을 증명하고 있다. 결국 해금은 피할 수 없는 시대적 요청이었다.

3. 해금을 요구하는 목소리 높아져

문학의 기본 정신은 사상과 이념을 초월하는 자유로운 창작 활동이다. 이것을 막는 것은 지구상에 유일하게 공산정권이다. 이유는 사회주의에서 문학은 체제를 유지하는 도구일 뿐이다. 즉 문인이 아니라 문예일꾼이라는 개념이 적용되고 있다. 일꾼이라는 자리는 위에 일을 시키는 주인이 존재한다. 즉 주인이 시키는 대로 일을 해야 한다. 사회주의는 그런 원리로 문인들을 대하고 있다. 민주주의라고 해도 문인 활동을 제약하는 것은 당연히 질타 받아야 할 행동이다. 물론 분단국가라는 특수성을 감안 하더라도 우리가 북한 정권이 하는 잘못을 답습하는 것은 세상 어느 누구도 부여하지 않은 초법적 행위라는 점을 직시해야 한다. 우리나라도 이런 愚를 범한 경우가 있다. 그것은 해방정국 이후 벌어진 혼란한 시대에 남한과 북한으로 갈리면서 사상적 잣대로 작가의 모든 작품의 접근을 금지 규정을 적용한 것이다. 이런 조치는 다음과 같은 모순을 담고 있었다.

* 한반도에서 유일한 합법 정부의 권리 포기
  - 대한민국 헌법 제3조 대한민국의 영토는 한반도와 그 부속 도서로 한다.
  - 위의 규정을 적용할 경우 한반도의 모든 문화유산도 대한민국 소유인데 월북 작가라고 포기할 수 있는 권리가 애초에 없다.

* 문학 역사 지속성 상실
  - 해방 이후 대한민국 문화 예술 역사의 지속성을 유지하는 것이 기본인데 논의조차 금지된 작가들을 배제하면 큰 공백이 생긴다.

위와 같은 문제점이 발생하자 대한민국 정부와 문화계에서는 작가들을 해금해야 한다는 목소리가 자연스럽게 거론되기 시작했다. 그런 움직임이 언론에 보도되었는데 1987년 7월 11일 《조선일보》에서는 다음과 같이 기사를 내보내고 있다.

민주화시대를 맞아 문화 예술 분야에도 변화가 요구되고 있다. 오래전부터 문화계 일각에서는 현재 공보와 문화 예술을 함께 관장해

온 정부의 문화공보부 편제를 분리, 문화 예술 전담부서의 신설을 주장해왔고, 광복 후 40여 년간 지속돼온 官(관)주도 정책을 민간자율로 전환시켜야 한다는 주장도 새롭게 제기되고 있다. 예총 회장 조경희 등이 최근 6.29 盧노 선언에 따른 예술계의 주요 현안을 문공부와 민정당에 건의한 것을 비롯, 특히 시인 김기림, 정지용 소설가 홍명희, 이태준, 박태원 등 당대의 우리 문단에 뚜렷한 족적을 남긴 문인들의 작품은 절름발이 상태인 우리 문학사의 정립을 위해서도 한시바삐 해금되어야 한다는 게 문학계의 중론이다.

위의 기사를 보면 우리 문학사가 제대로 정립되지 못한 절름발이 상태로 제대로 자리 잡기 위해서는 해금되어야 한다는 주장이 강하게 등장하고 있다. 이런 주장에 공통점은 시인 김기림, 정지용, 소설가 이태준, 박태원에 대해서 공통적으로 해금을 주장하고 있다. 이런 공통점을 보면 이태준에게 특별한 관심을 보이고 있는 것인데 그 원인은 석연치 않은 북행, 해방 이후 민족 문학을 복원하기 위한 노력, 북한 정권에 기여한 것이 없다는 사실을 알고 있었던 것으로 판단된다. 이렇게 이태준 해금을 주장한 1987년도 기사를 정리해 보면 다음과 같다.

　*《조선일보》, 1987년 7월 12일
　　- 만물상
　*《조선일보》, 1987년 8월 13일
　　- 납북작가 해금 논의 구체화
　*《경향신문》, 1987년 8월 14일
　　- 문화계 해금 대책 부산

* 《동아일보》, 1987년 10월 8일
  - 정지용 시집 해금 되려나
* 《경향신문》, 1987년 11월 30일
  - '금서 47종을 해금을'

제시된 기사들에서는 한결같이 이태준의 해금을 주장하고 있다. 기사에서는 한국전쟁 당시에 자신들 의사와는 상관없이 납북된 것으로 알려진 김기림 시인, 정지용 시인을 언급하면서 이태준을 지속적으로 해금해야 한다는 주장이 제기된 것에 주목해야 한다. 적어도 당시 문인들은 이태준이 작가적 양심에 따라서 행동을 했고 38선을 넘어서 가족이 있던 북한으로 향한 것이 사상적인 판단이 아니라 친구 홍진식을 구하기 위한 행동이었다는 것을 알고 있었기 때문으로 판단된다. 그런 구체적 내용을 언급하지 않았지만《경향신문》, 1987년 11월 30일 기사를 보면 이태준 소설가가 사상적으로 문제가 없었다는 사실을 확실하게 알 수 있게 만든다.

정지용 등과 같은 사상적으로 전혀 문제없는 시인 김기림들이나 이태준, 박태원 등 순수 문학의 대표 작가들의 작품도 여전히 월북 혹은 납북이라는 이유만으로 묶여있어 민족 문학의 정통성을 확립하고 문학사의 공백을 메우기 위해서라도 이들의 복권조치가 시급하다는 것이 대다수 문인들의 주장.

- 《경향신문》, 1947년

4. 이념을 넘어선 1988년 해금

1988년 문학 해금 조치가 이루어지기 전에 논의를 할 때 이태준이라는 이름이 빠지지 않고 있다. 해금 대상자들이 대부분 강제 납북이 되었음에도 억울하게 제재 대상이 되었던 작가들이었는데 이 명단 안에 이태준이 언급되고 있는 것은 분명한 이유가 있을 것이다. 그것은 우선 월북이 아니고 38선을 넘은 이유도 사상적 판단이 아니었다는 사실을 당대의 작가들이 다 알고 있었던 것이다. 결국 이태준을 비롯한 문학가들 해금 과정은 반대 여론 없이 일사천리로 진행되었다. 우선 1988년 3월 18일 출판협의회가 작가 해금을 문공부에 건의를 하고 이것을 받아 들여서 1988년 7월 19일 대한민국은 작가들을 다음과 같이 해금 조치를 취했다.

> 정부는 19일자로 월북 작가의 문학작품 중 해방 이전에 발표된 작품에 대한 대폭적인 출판 허용 조치를 취했다.
> 정한모 문공부장관은 이날 오전 기자 회견을 갖고 『정부는 「대통령의 민족자존과 통일번영을 위한 특별선언」 정신의 실천적 구현시책의 일환으로, 작년 10월의 출판 활성화 조치 때 유보된 월북 작가들의 해방 전 문학작품에 대한 출판 허용 조치를 확정, 시행키로 했다』고 발표했다.
> 이에 따라 한국문학사 정립의 주요인물로 거론되어온 박태원, 이태준, 현덕, 임화, 백석 등 월북 작가 1백여 명의 문학작품이 공식적으로 출판 허용되었다.
> ―《조선일보》, 「월북 작가 백여 명 해방 전 작품 해금」, *1988년*

위의 내용은 대한민국 정부인 문공부 장관이 직접 발표한 것이다. 그동안 월북이라는 이유로 금지됐던 작가의 작품을 자유롭게 출판이 허용되는 결정을 내렸다는 내용이다. 이런 조치 중에서 눈여겨봐야 할 대목은 다음과 같다.

* 정부의 결정에 反하는 행위나 행동은 권리남용이거나 반민주적 행동이다.
* 해금된 것은 해방 이전에 작품으로 사상 논쟁을 피해 나갔다.
* 즉 대한민국 어느 곳에서나 해방 이후 작품에 대해서 시비를 걸 수 없다.
* 북한에서 발표된 작품을 해금하지 않았는데 이것을 가지고 문제를 삼을 수 없다.

이와 같은 결정이 내려진 배경에는 남북관계가 획기적으로 변하기를 바랐던 노태우 대통령이 1988년 7월 7일에 제6공화국의 남북 교류 및 대공산권 외교 정책의 기본 방향을 담아 발표한 일명 77선언의 있었기 때문에 가능했었다. 주요 내용은 아래와 같이 파격적이었다.

* 남북 동포의 상호 교류 및 재외 동포의 남북 자유 왕래 개방
* 이산가족 생사 확인 추진
* 남북 교역 문호 개방
* 비군사적 물자에 대한 우방국의 북한 무역 용인
* 남북 간의 대결 외교 종결

* 북한의 대미일 관계 개선 촉구 등

6.10 혁명으로 직선제 개헌을 통해 당선된 노태우 정부에서 그동안의 대결을 벗어나 적극적인 남북 교류 및 대공산권 외교를 선언한 것은 역사의 흐름이자 시대의 사명이었고, 이것이 월북작가들의 해금이라는 문학인들 숙원을 풀게 했다. 1988년 7월 7일 선언을 하고 12일이 지난 뒤에 예술가 해금이라는 결정을 내린 것은 그동안 준비를 했었음을 알 수 있는 대목이다. 더욱이 사회주의 문학을 이끌던 카프의 맹주 임화 시인까지 해금을 시킨 것은 당시 대한민국이 얼마나 열린 자세였는지를 알 수 있게 만든다. 이때 해금된 작가들에 대한 선양 사업과 문학관 설립이 추진되었다는 것은 노태우 정부의 숨겨진 공로라는데 이의가 없다.

월북 작가들 작품 출판 허용은 1988년 7월 19일 이전에도 이루어졌는데 이런 분위기가 해금을 촉진한 것으로 판단되는데 그것을 먼저 정리할 필요가 있어 보인다.

* 1988년 1월 18일 《동아일보》 「문학사의 분단 상처 치유의 첫발」
  - 이태준의 경우 순수문학 계열이고 정치적 복선이 없다
* 1988년 1월 19일 《동아일보》 「횡설수설」
  - 그들을 미아로 남겨 두고서는 우리 문학도 미아를 벗어나기 어렵다
* 1988년 4월 1일 《동아일보》 「정지용, 김기림씨 작품 공식 해금」
  - 정지용, 김기림, 백석, 이태준, 안회남, 허준, 현덕 7명의 작가를

압축 심사해서 2명을 공식 해금
　* 1988년 4월 14일《동아일보》「1930년대 문단을 이끈 이태준 작
　　품집 출간」
　　-민충환 교수의『이태준 연구』와 작품집《깊은샘》출판사 발간

　인용한 신문 기사는 작가들이 해금되기 앞서서 이루어진 사실들을 정리한 것이다. 주목을 끄는 것은 대한민국 정부에서도 이태준 소설가를 정치적 복선이 없는 작품을 쓰는 작가로 인정하고 있다는 점이다. 만약 북한 정권에 적극 협조했었다면 이런 평가가 뒤따르지 않았을 것은 분명하다. 더 놀라운 것은 한국전쟁 당시 납북된 작가로 알려진 정지용, 김기림 시인을 먼저 공식으로 해금하는 과정에서 이태준 소설가가 최종 7인 명단에 있었다는 점이다. 적어도 대한민국 체제에 해가 되는 일을 하지 않았다는 것을 다시 한번 증명하는 사례로 눈여겨 봐야 할 대목이기도 하다.

　일제 강점기 최고 순수 문학가이면서 '대한민국 단편 소설 완성자'라고 평가받는 이태준에 대한 출판 열기는 폭발적으로 이루어졌다. 왜냐하면 이태준 소설의 문학적 완성도는 타의 추종을 불허 할 정도로 독보적이면서 다른 작가와 비교할 수 없을 정도로 넘사벽이었기 때문이었다. 특히 문학인들에게는 교과서로 불리던『문장강화』발간은 다음과 같이 관심이 높았었다.

5. 1988년 해금 작가 명단

　1988년 문학적으로 가히 혁명적인 조치로 평가받는 '문학가 해금'은 대한민국 문단을 풍요롭게 만들었다. 월북 또는 북한에 있었다는 이유로 작가와 작품조차 언급하지 못하게 만든 것은 좌우 이념 대립으로 전쟁까지 치른 우리에게는 당연한 조치였다. 그러나 현실적인 문제를 안고 있었다. 인간의 정신을 순화시키는 문화 예술을 강제적으로 막는 것은 국가의 수준과 비례가 되고 현실적으로는 남쪽에서는 친일문학들이 기승을 부리는 참담한 결과를 가져왔었다. 문학사에서는 일제 강점기는 사실상 공백기가 됨은 물론 사람에 비유를 하자면 한쪽 눈을 실명한 꼴과 다를 바가 없었다. 결국 정부는 더 이상 버티지 못하고 '해방 이전 문학'이라는 단서를 달아서 작가 면죄부를 주었다. 사면받은 사람에게 죄를 물을 수 없는 것처럼 1988년 해금된 작가에게 딴지를 걸 수는 없는 일이다. 개인적으로는 비난을 할 수 있지만 공식적으로 정부의 조치에 反하는 행동은 공인의 자격을 내려놓아야 한다는 점을 피할 수 없다. 다시 말을 하자면 모든 국민은 법 앞에 평등하며 법 위에 군림을 하는 행동은 분명한 심판이 뒤따른다는 점을 인지해야 한다. 우리 문단에는 1988년 해금된 문학인들 중에 지명도가 높은 작가들 위주로 관심을 갖고 있다. 이름이 알려지지 않은 작가라고 해서 관심을 갖지 않는 것은 문제가 있다고 판단하고 또 소중한 대한민국 문화자산이라는 생각이다. 그러나 아쉽게도 1988년 해금된 문학인에 대한 구체적인 자료를 취합해 놓은 곳이 없어서 당시의 신문자료를 통해서 아래와 같이 정리하고자 한다.

〈解禁된 작가 名單〉

*소설가

권환, 김남천, 김만선, 김북원, 김사량, 금소엽, 김영석, 김영팔, 김우철, 박노갑, 박승극, 박찬모, 박태원, 설정식, 송영, 안동수, 안회남, 엄흥섭, 유항림, 윤기정, 이근영, 이동규, 이북명, 이석훈, 이선희, 이태준, 정인택, 조벽암, 조중곤, 주영섭, 지하련, 최명익, 최승일, 최인준, 허준, 현덕, 홍구, 홍구범

* 시인·평론가

금상민, 김상훈, 김성림, 김을윤, 김조규, 민병균, 박석정, 박세영, 박아지, 박팔양, 백석, 여상현, 이병철, 이시우, 이용악, 이종산, 이찬, 이흡, 임병철, 임학수, 조남령, 조운, 조허림, 김동석, 김두용, 김병규, 김영건, 김오성, 김태준, 민병휘, 박영호, 손서하, 박치우, 배호, 서인식, 신남철, 안막, 안함광, 윤규섭, 이갑기, 이북만, 이원조, 임화, 채정근, 한식, 한효, 홍기문, 강승한, 김승구, 김태진, 송완순, 신고송, 윤복진, 윤세중, 이명선, 임원호, 정열모, 현경준(본사(本社) 확인 96명)

—《경향신문》, 1988년

위의 명단을 보면 느끼는 점이 크게 두 가지 있다. 우선 위의 작가들을 금지하고 대한민국 문학을 이야기 할 수 없다는 점이다. 일제 강점기 우리 문단을 주도했던 작가들이 대부분을 차지하고 최근까지도 인기 상종가를 치고 있다는 점에서 1988년 해금이 얼마나 중요한 결단 이었는지 알 수 있게 만든다.

또 다른 점은 해금된 명단이 진정으로 민족 문학을 복구하기 위한 화해의 노력이 담겨 있었다는 점이다. 화해는 평화로 이 끄는 밑바탕이 되고 그것은 종국적으로 분단을 극복하고 평화 통일로 이끄는 원천이다. 즉 상대방을 화해하고 우리라는 울타리 안에서 껴안는 것이 기본인데 이미 1988년에 문화적 틀을 마련했다는 의미를 둘 수 있다. 명단을 보면 카프의 수장이었던 임화 시인, 해방 정국에 좌익 문단을 구성하고 이끌었던 김태준 등을 해금시킨 구체적 의미가 무엇인지 이 시대에 우리가 배워야할 대목이라는 생각이다. 그렇지만 1988년 해금에는 용서받지 못하는 문화 예술인들이 없었던 것은 아니었다. 북한 정권에 적극 협조했던 인물과 동족상잔의 비극, 한국전쟁에 가담하는 요직에 있었던 사람들이 제외됐는데(1989년 해금 됨) 명단은 아래와 같다.

* 홍명희(1888년 5월 23일 ~ 1968년 3월 5일)

일제강점기 당시에 이광수, 최남선과 더불어 조선의 3대 천재로 대표되었던 인물이었으며, 소설《임꺽정》의 작가로 유명하다. 1948년 월북, 북한에서 내각 부수상과 최고인민회의 상임위원회의 초대, 제3대 부위원장(1948년 9월 – 1957년, 1958년 10월 – 1968년)을 역임하였다.

* 이기영(1895년 5월 29일~1984년 8월 9일)

1924년《개벽》현상문예에 〈오빠의 비밀 편지〉가 당선되어 문단에 등단, 해방 후 월북하여 조선예총위원장 등 각종 기관의 책임자로 활약하기도 했다.

* 한설야(1900년 8월 3일 ~ 1976년 4월 6일)
소설가로 광복 이후 북조선임시인민위원회 함경도 대표, 북조선인민위원회 교육부장, 최고인민회의 대의원도 역임, 한국 전쟁 이후에도 조선문학가총동맹 위원장을 지내면서 임화, 김남천, 이태준 등 남로당 계열 문인들의 숙청을 주도한 뒤 최고인민회의 부위원장을 지내고 교육상과 인민상을 수상하고 1957년 9월에는 내각 교육, 문화상을 지냄

* 조영출(본명: 조명암 1913년 1월 10일 ~ 1993년 5월 8일)
시인 겸 극작가 및 대중음악 작사가로 활동했으며 북한에서 고위직인 문화성 부상, 민족예술극장 총장, 조선문학예술총동맹 부위원장 등을 역임하였다.

* 백인준(1920년 10월 27일 ~ 1999년 1월 20일)
평북 운산에서 태어났으며 작가로 활동하면서 북조선문학예술총동맹에서 활동, 한국 전쟁 당시 조선인민군 군관으로 참전했으며, 철저히 김일성의 기호에 맞는 사상성과 선동성으로 신임을 받아 문화선전성 예술국장을 비롯한 내각의 요직을 거쳤다.

6. 나가는 말

1988년은 대한민국 문단에 획기적인 전환기를 맞이한 시기

였다. 문예지에서 이태준 소설가의 작품을 소개할 때 '이태ㅇ'으로 표기를 했었다. 심지어 이태준이 주간으로 있었던 《문장》 영인본을 발간할 때도 이름의 끝자리를 지워야 했다. 그렇게 외면받았고 금기시했던 작가들이 우리 품으로 돌아온 것은 비록 국토는 분단이 되었지만 문학만은 하나가 되는 중요한 순간이었다. 특히 상허 이태준은 해금되자마자 전집이 출판되었고 작가들에게 필독서인 『문장강화』가 날개 돋친 듯 팔렸고 『무서록』이 인기 수필집으로 등극했다. 이태준이 건축한 서울 성북구 수연산방은 많은 사람들이 찾는 명소로 자리 잡았고 그의 작품들은 교과서에 실려서 청소년들에게 꿈을 찾아 주는 역할을 하고 있다. 그의 고향 철원에는 2004년 탄생 100주년 기념사업으로 대산문화재단에서 문학비와 흉상을 건립하였고 그 이전부터 상허 이태준 문학제가 11월 첫째 주 토요일 개최되고 있는 중이다. 또한 철원읍 문화의 거리에는 이태준의 작품 「돌다리」, 「무연」, 「촌뜨기」의 주인공을 형상화한 동상이 세워져 있다. 이런 분위기 이전에 현재 단체장은 상허 이태준 문학관 건립을 주요 공약으로 내세워 문학관을 건립 추진 중에 있다. 군부에서 '월북작가'라는 이유로 발목을 잡고 있지만 분명한 것은 대한민국 단편 소설 완성자 이태준의 문학관 건립은 시기가 빨라지거나 늦어지지만 반드시 이 땅에 세워지는 날이 확정되어 있다는 점이다. 왜냐하면 히포크라테스(BC460~BC370)가 남긴 명언처럼 인생은 짧고 예술은 길기 때문이다.

상허 이태준 평설 3

2025년 08월 18일 1판 1쇄 박음
2025년 08월 30일 1판 1쇄 펴냄

지은이　　　정춘근
펴낸이·편집장　윤한룡
디자인　　　윤려하
관리·영업　　이소연
홍보　　　　고　우

펴낸곳　　　(주)실천문학
등록　　　　10-1221호(1995.10.26)
주소　　　　남양주시 퇴계원읍 퇴계원로 52 405호
전화　　　　02-322-2161~3
팩스　　　　02-322-2166
홈페이지　　www.silcheon.com

강원특별자치도　강원문화재단
이 책은 강원특별자치도, 강원문화재단 후원으로 발간되었습니다.

ⓒ 정춘근, 2025
ISBN 978-89-392-3176-4 03810

이 책 내용의 전부 또는 일부를 재사용하려면
반드시 지은이와 실천문학사 양측의 동의를 받아야 합니다.